Karl Ransberger
Max Wolf –
Ein Leben für die Enzymtherapie

W0064978

Karl Ransberger

Max Wolf –
Ein Leben für die
Enzymtherapie

FORUM MEDIZIN

Die Deutsche Bibliothek – CIP-Einheitsaufnahme

Ransberger, Karl:
Max Wolf: ein Leben für die Enzymtherapie /
Karl Ransberger. – Gräfelfing: Forum-Medizin 1994
ISBN 3-910075-09-6

Alle Rechte vorbehalten
© 1994
FORUM-MEDIZIN Verlagsgesellschaft mbH
Bussardstraße 8
82166 Gräfelfing
ISBN 3-910075-09-6
Bilder und Fotos: Privatbesitz des Autors
Umschlagzeichnung: Max Wolf, Selbstbildnis
Umschlaggestaltung: Lob & Partner
Druck: SOV Graphische Betriebe, Bamberg

Das Werk, einschließlich aller seiner Teile, ist urheberrechtlich geschützt. Jede
Verwertung außerhalb der engen Grenzen des Urheberrechtsgesetzes ist ohne
Zustimmung des Verlages unzulässig und strafbar. Das gilt insbesondere für
Vervielfältigungen, Übersetzungen, Mikroverfilmungen und die Einspeicherung
und Verarbeitung in elektronischen Systemen.

Geschützte Warennamen (Warenzeichen) werden nicht besonders kenntlich gemacht. Aus dem Fehlen eines solchen Hinweises kann also nicht geschlossen
werden, daß es sich um einen freien Warennamen handelt.

Inhalt

Vorwort

Dies ist die Biographie eines leidenschaftlichen Menschen. Max Wolf war ein Wiener Ingenieur und Kunstmaler, den zu Beginn des Ersten Weltkrieges die politischen und historischen Wirren und der Zufall nach Amerika verschlugen. Dort erst studierte er Medizin und wurde innerhalb kürzester Zeit in New York zu einem anerkannten Arzt. Seine Patientenkartei liest sich wie das Who's who der oberen Zehntausend. Zu seinen Patienten zählten die Kennedys, Pablo Picasso, Charlie Chaplin, Marilyn Monroe und Marlene Dietrich, die Roosevelts, Politiker wie Edgar Hoover und Schriftsteller wie Aldous Huxley. Max Wolf errang den Ruf eines Wunderheilers und wurde reich, sehr reich. Sein Vermögen und sein Engagement investierte er in der zweiten Hälfte seines Lebens in die Entwicklung einer neuen Therapie: die Behandlung mit Enzymen. Er schuf neue Medikamente, Enzympräparat-Kombinationen, die er WoBe nannte. Er glaubte an die enorme Kraft dieser Mittel. An die Kraft, viele gefürchtete Krankheiten mit WoBe-Arzneien erfolgreich bekämpfen zu können. Für den Erfolg seiner Enzymkombinationen hat er sich bis ins hohe Alter eingesetzt. Die letzten 16 Jahre seines Lebens, von 1960 bis 1976, habe ich ihn als Partner, als sein Mitstreiter, als sein Vertrauter und schließlich als sein Nachfolger begleiten dürfen.

,,Wenn du das Medikament WoBe zum Erfolg führen willst", so sagte mir Max Wolf immer wieder, ,,mußt du sehr gute und ehrliche Ärzte als Freunde haben. Diese Menschen

7

müssen leidenschaftlich daran interessiert sein, die Behandlungsmethoden von Krankheiten zu verbessern. Es müssen Ärzte sein, die geradezu versessen sind, ihre Patienten zu heilen. Sie müssen auch die Intuition haben, die alle großen Entdecker neuer, fortschrittlicher Behandlungsmethoden besitzen."

Wie erkennt man solche außergewöhnlichen Menschen? Diese Ärzte sind meist unbequeme Zeitgenossen. Sie wirken nicht selten dickköpfig, kauzig – ja bisweilen sogar manischdepressiv. Es sind Skeptiker, die an die etablierte Medizin nicht bedingungslos glauben. Sie sind beseelt von dem unbändigen Drang, bessere Therapien zu entwickeln. ,,Wenn du intensiv nach solchen Ärzten suchst", so Wolfs Ratschlag, ,,wirst du sie auch finden."

Wegen ihrer revolutionären Ansichten sind solche Mediziner oft Außenseiter oder selbständige Ärzte, die von den Hütern der orthodoxen Lehre bekämpft werden. Noch heute erinnere ich mich an Wolfs dringenden Appell: ,,Wenn du erst einmal so einen Arzt gefunden hast, mußt du ihn festhalten und den Kontakt intensivieren, auch wenn dessen Charakter noch so unbequem für dich ist. Meine Erfahrung hat mich gelehrt, daß es unendlich wichtig ist, den Kontakt zu solchen Medizinern zu suchen. Nur diese Menschen bringen dich voran."

Wolf hatte recht. Wenn ich mich an die letzten 35 Jahre erinnere, während derer ich in der medizinischen Forschung und Entwicklung tätig war, so wird mir das klar. Es waren immer Menschen mit außergewöhnlichen Eigenschaften, die mich weiterbrachten und letzten Endes den Erfolg von WoBe ermöglichten.

Mein erster großer Lehrer mit dem oben erwähnten Profil des genialischen Zweiflers war Professor Hellmut Haubold.

Er war der Gründer der Firma Mucos und mein früherer Chef. Er erkannte die überaus wichtigen Eigenschaften von Vitamin A und E für die Stärkung der körpereigenen Abwehrkraft, ihre Bedeutung für die Alterserkrankungen, für endokrine Störungen, immunologische Erkrankungen und nicht zuletzt auch für Krebs. Er war der Entdecker der Vitaminemulsionen, der „Mulsine", die auch heute noch eine überaus große Bedeutung besitzen und einen wichtigen Beitrag für die Behandlungsmöglichkeiten sonst schwer beeinflußbarer Krankheiten leisten.

Zu den Menschen, die den Erfolg des WoBe ermöglichten, zählen Hans Höfer-Janker und vor allem Wolfgang Scheef, die beiden Chefärzte der berühmten Tumorklinik, der Janker-Klinik, in Bonn. Scheef fand und entwickelte sehr viele der heute wichtigsten Behandlungsmethoden vor allem in der Therapie des Krebses. Für ihn treffen alle der Wolfschen Attribute des Erfindergeistes zu.

Er erkannte als erster, daß die Chemotherapie solider Tumore nur dann einen Sinn hat, wenn sie in höchster Dosis während einer möglichst kurzen Periode angewendet wird. Er war der erste, der eindeutig nachweisen konnte, daß der Behandlungseffekt viel größer ist, wenn Chemotherapie und Strahlenbehandlung gleichzeitig zur Anwendung kommen. Auch konnte er belegen, daß Kortison bei soliden Tumoren nicht eingesetzt werden sollte. Ich lernte ihn 1967 kennen. In unserer Versandabteilung stellte ich damals fest, daß sehr große Mengen von Vitamin-A-Emulsion von dieser Bonner Krebsklinik bezogen wurden. Ich rief Dr. Scheef an und fragte, was er denn mit diesen großen Mengen Vitamin-A-Emulsion (70 Liter in einem Monat) anfange. Er sagte, er würde damit recht erfolgreich Krebs behandeln. Wir trafen uns gleich am nächsten Tage, und inzwischen sind wir enge

Freunde. Unsere Zusammenarbeit führte dazu, daß die Therapie mit hochdosiertem emulgierten Vitamin A bei bestimmten Krebsarten in der Janker-Klinik zu einer der wichtigsten Behandlungsmethoden wurde. Dies gilt vor allem für den Raucherkrebs der Lunge und für den Krebs im Hals, in den Ohren oder im Mundbereich. Viele tausend Krebspatienten verdanken dieser Entdeckung ein längeres, lebenswertes Leben, viele auch ihre Heilung. Heute wird Vitamin A in hoher Dosis in allen Ländern der Welt zur Behandlung von Krebs eingesetzt. Doch die meisten Behandler wissen nicht mehr, daß Dr. Scheef in der Janker-Klinik der Entdecker dieser Methode ist. Den wenigsten Ärzten dürfte auch bekannt sein, daß das weltweit mit großem Erfolg angewandte Krebstherapeutikum Messna von Scheef entwickelt wurde. Messna ist ein sulfhydrylabspaltendes Medikament, das besonders gravierende Nebenwirkungen bestimmter Krebsmittel vor allem in der Niere und der Blase verhindert.

Ein weiterer innovativer Behandler ist Paul Rickert. Wegen seiner hervorragenden Beobachtungsgabe und seiner empirischen Betrachtungsweise erwarb er sich große Verdienste um die Enzymtherapie. Wolf sagte mir immer wieder: ,,Wenn jemand so hervorragend wie der Rickert mit den Enzymen umgehen kann und vielerlei Krankheiten, so wie das bei Rickert der Fall ist, zum erstenmal mit Enzymen behandelt, dann mußt du dich um ihn kümmern. Der wird dir immer weiterhelfen können." Wolf lernte selber viel von Menschen wie Rickert, die ein so feines Gespür für die richtige Behandlung haben. Der qualifizierte Therapeut, das war seine Überzeugung, ist immer auch ein Künstler. Wie ein Klavierspieler versteht er es, sein Instrument richtig einzusetzen. Erst in zweiter Linie ist er ein analytischer Wissenschaftler.

Zu den Wissenschaftlern, die sich um die Entwicklung der WoBe-Therapie verdient gemacht haben, zählt unbedingt Heinrich Wrba, Chef des österreichischen Krebsforschungsinstitutes an der Universität Wien und früherer Institutsleiter am Deutschen Krebsforschungszentrum in Heidelberg. Seit über 25 Jahren hat er sich der Enzymbehandlung angenommen und ihre Anwendungsmöglichkeiten verbessert. Wolf und Wrba haben hervorragend zusammengearbeitet. Beide waren Forscher, die während ihrer Arbeit plötzlich in innovative Phasen gelangten und zukunftsweisende Entdeckungen machten, die aber dann auch wieder in typischer Wiener Art mit sich und der Welt unzufrieden waren.

Max Wolf – er war für mich eine Art Idealtyp jenes synthetisch denkenden und arbeitenden Forschers, der sich nicht auf Schulweisheiten verlassen konnte, sondern nur auf seine innere Berufung hörte und sein Leben der Kunst des Heilens widmete. Da er nicht gewillt war, seine Freiheit und seine Visionen aufzugeben, und da sein Lebenslauf keinen Laufbahnnormen entsprach, mußte er den Weg des Außenseiters wählen, die etablierte Medizin in Frage stellen, um Fortschritte in der Behandlung so vieler Krankheiten zu erreichen.

Max Wolf hat mein Leben und insbesondere meinen beruflichen Erfolg mehr als sonst jemand positiv beeinflußt. Er lehrte mich, daß die Enzyme zu den wichtigsten Wirkstoffen für die zukünftige Behandlung von Krankheiten zählen werden. Er prophezeite bereits 1960, daß Enzyme überragenden Erfolg bei der Behandlung von Thrombosen, Infarkten und Embolien haben werden. Er wußte damals auch schon, daß oral oder rektal verabreichte Enzyme ebenfalls bei Mikrothrombosen und Durchblutungsstörungen wirksam sind. Ebenso wie bei Entzündungen verschiedenster Art, bei Autoimmunerkrankungen, bei Virusinfektionen (wie etwa der Gürtelrose) und nicht zuletzt bei Krebs.

Er sagte immer wieder zu mir: „Dies sind die besonders erfolgreichen Therapien der Zukunft. Du mußt dich nur anstrengen, diese Ideen in die Tat und in die Wirklichkeit umzusetzen. Wenn du das konsequent tust, wirst du mit Sicherheit großen Erfolg haben." Wolf war geradezu versessen darauf, mich zu trimmen. Er hat recht behalten. Heute werden Tausende Patienten pro Jahr erfolgreich mit den Wolfschen Enzympräparaten behandelt. Patienten, deren Krankheiten mit anderen Medikamenten kaum zu behandeln wären. Und der weltweite Bedarf an den von Wolf entwickelten Enzym-Mischungen steigt jedes Jahr.

Einer von Wolfs wichtigsten Ratschlägen war: „Bei allem, was du tust, sollte etwas Gutes für den Patienten herauskommen. Dein ganzes Streben sollte danach zielen. Dies ist das Wichtigste, das ich dir auf den Weg mitgeben will. Das Zweitwichtigste ist: Alles was du tust, sollte darauf ausgerichtet sein, die Behandlungsmethoden zu verbessern. Wenn du diese beiden Ziele konsequent verfolgst, wirst du automatisch das dritte Ziel erreichen: den Erfolg. Kümmere dich nicht um vordergründige Anerkennung, Titel oder Ehrungen. Das würde dich nur behindern."

Ich erinnere mich auch seiner wiederholten Warnung, nicht wissenschaftsgläubig zu sein. Wolf schenkte mir ein Buch und mehrere Aufsätze von Popper. Er war fasziniert von Poppers Theorie der Vergänglichkeit wissenschaftlicher Erkenntnis. „Glaub' nicht alles", so Wolfs Rat, „was die heiligenscheintragenden Ordinarien verkünden. Bleibe kritisch und skeptisch. Nutze deinen Verstand und liiere dich mit Menschen, die dich durch ihren unabhängigen Verstand überzeugen." Wolf wurde nicht müde, immer wieder von sogenannten wissenschaftlichen Erkenntnissen und anerkannten Kapazitäten zu erzählen, die später revidiert und vom Sockel gestürzt wurden.

Zeit seines Lebens las Wolf jeden Tag mindestens drei Stunden wissenschaftliche Literatur. Er beschwor mich, dies auch zu tun. „Es ist wichtig", so erläuterte er, „daß du lernst, besser, schneller und konzentrierter zu lesen. Meist genügt es, Zusammenfassungen und Diskussionen zu lesen. Fahre nicht auf viele Tagungen. Das meiste kannst du später nachlesen und dir zu Hause viel besser erarbeiten. Wenn du es dir leisten kannst, dann beauftrage irgendjemanden, der das, was du lesen mußt, vorsortiert."

Wolfs größte Angst war es nicht, daß er sterben würde oder krank werde. Er hatte nur Angst davor, senil zu werden und nicht mehr lesen zu können. Oft sagte er, daß er keine Angst vor dem Sterben habe. Daß er es aber bedauere, wenn er nach dem Tod nicht mehr in der Lage sei zu erfahren, was es alles Neues in der Wissenschaft gäbe.

Wolf verbrachte viele Stunden damit, mir immer wieder seine Vorstellungen von der zukünftigen Entwicklung der Enzymbehandlung zu vermitteln. Er war davon überzeugt, daß die Enzymtherapie in zehn oder fünfzehn Jahren den größten Teil der Alterserkrankungen beherrschen könnte. Die typischen Gefäßerkrankungen, so war etwa 1970 seine Vision, könne man mit WoBe ohnehin entweder verhindern oder in einem Frühstadium zum Stillstand bringen. Er meinte damit, daß die regelmäßige Einnahme von Enzymen der Arteriosklerose, vor allem der Atherombildung, entgegenwirke. Bei seiner eigenen geriatrischen Klientel hat es dies immer wieder beobachten können. Seine Überzeugung war: Wer immerfort sinnvoll Sport treibt oder täglich eine Stunde stramm spazierengeht, mäßig ißt und außerdem jeden Tag

WoBe-Präparate und hohe Dosen von Vitamin A und E einnimmt, der wird kaum je an Gefäßkrankheiten zu leiden haben. So könne man jedenfalls den Ausbruch dieser Krankheiten so weit ins hohe Alter verschieben, daß sie fast niemand mehr erlebt. Die meisten Altersbeschwerden, das wußte Wolf, sind gefäßbedingt.

Wolf glaubte auch, Rheuma mit WoBe verhindern oder wenigstens erheblich vermindern zu können – und zwar sowohl das schmerzhafte, durch Abnützung und Entzündung bedingte, als auch das immunologisch bedingte Rheuma (die „Kollagenosen"). Er erzählte mir immer wieder von seinen vielen achtzig- bis neunzigjährigen Patienten, die sich seinen Empfehlungen entsprechend verhielten und tatsächlich rheumafrei blieben.

Wolf war sicher, auch die schwerwiegenden degenerativen Erkrankungen und die chronisch-entzündlichen Autoimmunerkrankungen mit dem gleichen Behandlungsschema weitgehend kontrollieren zu können. Er war durch und durch von der Vision beseelt, daß die Menschheit bald von solchen Beschwerden befreit werde. Die Strategie der Immunsuppression bei diesen Erkrankungen hielt er für völlig falsch. So lehnte er die Langzeitbehandlung mit Kortikoiden und Zytostatika ab. Man müsse, so betonte Wolf immer wieder, das Immunsystem nicht unterdrücken oder schädigen, sondern die Störungen beheben und die Immunabwehr vorsichtig wieder normalisieren. Die Therapien mit Enzymen und Vitaminen seien dafür die am besten geeigneten Methoden. Wolf konnte viele Beispiele von alten Patienten anführen, die sich eben diesen Therapien unterzogen und nie an solchen Krankheiten zu leiden hatten.

Vor dreißig Jahren ist das Medikament WoBe auch für den deutschen Markt zugelassen worden. Es ist Zeit, die Geschichte dieses einmaligen Enzympräparates zu erzählen. Eine Geschichte, die auch die Biographie eines einmaligen Menschen ist. Zur Grundlage dieses Buches machte ich Wolfs autobiographische Notizen, die er einige Jahre vor seinem Tod zu schreiben begonnen hatte. Sie sind das Vermächtnis eines großen Arztes.

Karl Ransberger, 1994

Einleitung

Wer wird Arzt? Wer will die Schmerzen eines anderen lindern, will heilen? Ist der Beruf des Helfenden Berufung? Weiß schon der junge Mensch, daß seine Profession und Leidenschaft das Helfen ist? Selbstvertrauen, so scheint es, ist die wichtigste Voraussetzung, die jeder haben muß, der seine ganze Kraft in einen Beruf investiert, der ihn täglich, stündlich mit der leidenden, gequälten und sterbenden Kreatur konfrontiert.

Er ist derjenige, der nicht wegsehen darf, der nicht nachlassen darf in seinem Bemühen, zu heilen. Und wenn er nicht mehr heilen kann, so muß er die Schmerzen lindern. Und wenn er die Schmerzen auch nicht mehr lindern kann, so muß er doch weiter hoffen: hoffen, daß sein Patient doch noch gesundet. Hoffen, daß sein Patient nicht mehr lange wird leiden müssen. Hoffen, daß sein Patient die Hoffnung nicht aufgibt. Und wenn alles vergeblich war, so muß er hoffen, daß er dem nächsten Patienten wird helfen können. Vielleicht. Selbstvertrauen, so scheint es, muß der, der sich zum Heilen berufen fühlt, im Übermaß haben.

Max Wolf fühlte sich deshalb als junger Mensch nicht zum Heilen berufen. Vermißte er doch bei sich besonders eine Eigenschaft: Selbstvertrauen. In seiner Erinnerung beschrieb sich Wolf als schüchternen, stotternden jungen Menschen, der bei allen Gelegenheiten realisierte, daß andere attraktiver waren, intelligenter, begabter und scheinbar auf dem besseren Weg zum Erfolg. Wolf ließ kaum ein gutes Haar an sich selbst.

Nur zwei Eigenschaften erkannte er als positiv an: seine Fähigkeit, Schwächen zu erkennen und diese Schwächen, einmal erkannt, ohne Kompromisse gegen sich selbst zu überwinden. Andere mögen talentierter gewesen sein, er aber hatte den stärkeren Willen.

Werdegang
Zu vielem berufen,
zum Heilen auserwählt

Familie

Max Wolf wurde am späten Morgen des 22. Oktober 1885 als fünftes Kind des Kaufmanns David Wolf und seiner Frau Kunigunde, geborene Sommer, in Wien-Neubau geboren. In den Prachtstraßen protzte die Hauptstadt der K.K.-Monarchie zu diesem Zeitpunkt noch mit allen Insignien der habsburgischen Macht, doch die Symptome des Zerfalls waren in den Nebengassen schon sichtbar. ,,Barfüßige Männer und Frauen in zerlumpten Kleidern", erinnerte sich Wolf später, ,,zogen ihre Karren polternd über das holprige Straßenpflaster oder boten ihre Waren in großen flachen Körben an, die sie auf der Schulter trugen. In monotonem Sington priesen sie Obst an, Spielzeug oder Küchengeräte." Die Familie Wolf lebte in der Neubaugasse 40, im 7. Bezirk. Gegenüber, in der Rothgasse, war das Postamt. ,,Ich freute mich, wenn der Postillion, in schöner Uniform und Hahnfeder am Hut, hoch oben auf dem Kutschersitz zweimal täglich hereinfuhr und auf seinem Posthorn zweimal täglich seine schöne Melodie blies."

Noch gab es keine Automobile, Pferdewagen waren eine Seltenheit. Die Händler zogen ihre Karren selbst. Dalmatiner oder ungarische Hirtenhunde als Zugtiere zu haben, galt schon als Luxus. Die Kinder spielten den ganzen Tag auf der Straße,

scharten sich nachmittags um die Drehorgeln der Stadtmusi-
kanten, sahen jeden Abend, wie mit langen Stangen die
Straßenlaternen angezündet wurden – und in deren trübem
Licht die zahllosen Bettler, die sich für die Nacht in ihren
Lumpen zusammenkauerten.

Max' Vater, David Wolf, stammte aus einer deutschstäm-
migen Familie in Olmütz/Mähren. Die Mutter Kunigunde
stammte aus dem Dorf Wieselburg, nahe der ungarischen
Grenze. Sie war Jüdin. Die beiden hatten sich in Wien kennengelernt und 1878 geheiratet. In der Familie des Vaters gab
es mehrere Ärzte, doch David Wolf war Kaufmann. Er besaß
einen Kolonialwarenladen und handelte außerdem mit Immo-
bilien.

„Meine Mutter ging nie in die Schule, mein Vater hatte
einige Jahre Mittelschule. Er war sein ganzes Leben lang
wißbegierig, interessierte sich für die meisten Dinge und war
ein unermüdlicher Leser, während sich meine Mutter bloß um
Geschwätz und Klatsch kümmerte und wenige Interessen hatte. Vater war gesund und kräftig, stämmig und breitschultrig
gebaut, jedoch die großen Sorgen und Aufregungen seines
ruhelosen Lebens brachten Diabetes und Arteriosklerose mit
sich, denen er mit siebzig Jahren erlag. Meine Mutter war
kränklich, so lange ich mich erinnern kann, litt viel an Ma-
genleiden und Kopfschmerzen und starb in ihren achtziger
Jahren. Sie war zwanzig Jahre lang schwerhörig, etwas senil
und streitsüchtig mit Vater und Kindern. Das war wahrscheinlich auch der Grund, weshalb er sich soviel fern von zu Hause
aufhielt."

Von der Mutter erbte Max die Gesichtsform mit der prominenten Nase, die rotblonde, bis ins hohe Alter sich erhal-
tende Haarfarbe und die Veranlagung zu chronischem Ka-

20

tarrh. Vom Vater hingegen die Geschäftigkeit und Unrast bei gleichzeitigem Harmoniebedürfnis, die etwas romantisch-naiven Züge seines Wesens und eine gewisse Leichtgläubigkeit. Von der Statur her war Max Wolf mit etwa 155 cm Körpergröße klein und grazil.

Max war das fünfte von sechs Kindern. Sein ältester Bruder Felix kam 1879 zur Welt. Dieser sei, so Max Wolf, „ein wildes, ungezogenes und unfolgsames Kind" gewesen. Im Alter von acht Jahren lief er einmal dem Kindermädchen davon, rannte über die Straße und wurde von einer Straßenbahn erfaßt. Ein Fuß wurde durch die Räder zermalmt. Die Verletzung heilte nie richtig, und der Fuß mußte zwanzig Jahre später amputiert werden. Bis zu seinem Tode 1965 trug Felix Wolf eine Fußprothese.

Familie Wolf

Felix interessierte sich schon als Kind für chemische Experimente. Sein Zimmer war vollgestellt mit Flaschen und Schachteln, die gefüllt waren mit Natrium, Metallen, Quecksilber und anderen Chemikalien. Experimente, die er in der Schule gesehen hatte, führte er zu Hause seinen Geschwistern vor. Einmal geschah dabei ein Unglück. Felix hatte von einem Jäger Patronen gestohlen und er beschloß eines Tages, sämtliche Patronen zu öffnen, um das Schießpulver in einer seiner Schachteln sammeln zu können. Seine Brüder Max und Oskar sahen ihm dabei neugierig zu. ,,Als die Schachtel schon halbvoll mit Schießpulver war, rutschte Felix aus Versehen der Schraubenzieher beim Versuch, eine weitere Patrone zu öffnen, auf den Zünder. Eine markerschütternde Explosion des gesammelten Pulvervorrats erfolgte. Die gewaltige Flamme und der Luftdruck schleuderten uns zu Boden." Die Hitze versengte den Kindern Haare und Augenbrauen. Sie erlitten schwere Brandwunden an Gesicht und Händen. Getrieben von den Schmerzen liefen die Kinder ins Freie, wo die eisige Winterluft ,,wie heilender Balsam die Schmerzen linderte".

Der alte Max Wolf hatte diesen Vorfall nicht vergessen und er, der selber ein großer Arzt und Heilender gewesen war, schilderte genau und emotionslos, wie den leidenden Kindern damals geholfen wurde: ,,Wir fanden einen Arzt in der nächsten Gasse, der unsere Gesichter und Hände mit Gaze bandagierte, welche mit Leinöl und essigsaurer Tonerde getränkt war. Nach einigen Wochen war alles geheilt, ohne Narben zu hinterlassen."

Felix tyrannisierte seine Geschwister, war rücksichtslos und oft grausam. Er fing Mäuse oder Insekten und quälte sie zu Tode. ,,Ich konnte da nicht zusehen, da ich alle Tiere liebte und sie nicht leiden sehen konnte. Felix redete seinen Geschwistern ein, daß er in der Lage sei, einen bösen Geist zu rufen, der ihm jeden Wunsch erfülle. Wer ihm nicht gehorche, werde von diesem Geist bestraft. Felix, der seinen Brüdern und Schwestern eintrichterte, man müsse immer hart und erwachsen sein, wurde mit dreißig Jahren Zahnarzt in New York. ". . . „Sein Spezialfach: Extraktionen . . ."

1881 wurde Charlotte geboren. Auch sie wurde Zahnärztin. Schon als Kind waren Bücher ihre Leidenschaft. Als Erwachsene besaß sie eine umfangreiche Bibliothek mit über zehntausend Bänden.

Ebenfalls Zahnärztin wurde die 1882 geborene Schwester Melanie. Im Gegensatz zur kühlen, intellektuellen und pragmatischen Charlotte war Melanie aber eher gefühlsbetont, künstlerisch begabt. Sie schrieb Theaterstücke und Gedichte, spielte Klavier.

Oskar wurde 1884 geboren. Max schilderte ihn als geistig träges, verschlossenes, mürrisches und unzufriedenes Kind. Er habe ein schlechtes Gedächtnis gehabt, eine mangelnde Auffassungsgabe und habe das Gymnasium nur mit Mühe und mit Max'Hilfe bestanden. Er wurde später Tierarzt in Österreich-Schlesien.

Nach Oskars Geburt hatten die Eltern Wolf beschlossen, kein weiteres Kind mehr in die Welt zu setzen. Der ein Jahr später dennoch geborene Max war unerwünscht. Acht Jahre später, 1893, kam noch einmal unerwünschter Nachwuchs. Um Willy kümmerte sich die immer kränklicher werdende Mutter kaum noch. Die Erziehung des elterlich vernachlässigten Bruders Willy übernahm hauptsächlich Melanie.

Wie von jedem seiner Geschwister berichtet Max von Willy sehr distanziert und offensichtlich ohne große Sympathie. Willy ist aber der Bruder, der in Max' späterem Leben die größte Rolle spielen wird. Die beiden studierten gemeinsam, hatten zeitweilig eine gemeinsame Praxis und schrieben gemeinsam ein Buch – ein grundlegendes Werk über die Endokrinologie.

Folgt man Max Wolfs Notizen, so führten seine Geschwister ein einspuriges, nur auf sich selbst bezogenes Leben. Ihre Vita erscheint einsam, kalt und seltsam leer. Willy etwa verbrachte die letzten Jahre seines Lebens in vollkommener Zurückgezogenheit. Nachdem er sich mit Max und insbesondere mit dessen Frau überworfen hatte, sahen sich die beiden Brüder kaum noch. 1972 fand die Reinigungsfrau den 78jährigen Willy, bewußtlos in der Küche seiner Wohnung liegend. Er mußte dort mehrere Tage gelegen haben. Offenbar hatte er mit einer Überdosis Schlaftabletten einen Selbstmord versucht. Auf dem Schreibtisch fand man eine Notiz: ,,Falls ich tot oder bewußtlos aufgefunden werde, wünsche ich, daß ich sofort ins nächste Spital geschafft werde, wo nach meinem Tode alle meine Organe, die gebraucht werden können, entfernt werden sollen. Der Rest soll ins Krematorium. Julie (dies war der Name der Reinigungsfrau), informieren Sie sofort meinen Bruder Max." Sein Vermögen von 300.000 Dollar vererbte Willy einem Arzt. Die Wohnungseinrichtung vermachte er Julie.

Willy lag noch zwei Wochen im Roosevelt Hospital in New York. Er war zwar wach, konnte aber nicht mehr sprechen. Schmerzen schien er keine zu haben. Max besuchte seinen Bruder täglich. Willy starb im Krankenhaus an einer Lungenentzündung.

Auch sein Bruder Oskar hatte einmal einen Selbstmord versucht. Er hatte eine Flasche voll Phenobarbital geschluckt, nachdem er einen Abschiedsbrief an seine Schwester Melanie geschrieben hatte. Darin bekannte er, daß er die meisten Menschen hasse, allen voran Melanie, und daß er in seinem Leben keinen weiteren Sinn mehr erkennen könne. Doch der

Suizidversuch schlug fehl. Max berichtete davon in seiner typisch sachlichen und distanzierten Diktion, die er immer wählte, wenn er von seinen Geschwistern sprach: „Sein (Oskars) Magen wurde prompt ausgepumpt, seine Eingeweide entleert und es wurden ihm große Mengen Amphetamine gegeben. Nach drei Tagen Bewußtlosigkeit wurde er bald wieder gesund. Es wurde nichts weiter davon erwähnt, er setzte seine Veterinärpraxis fort. 1959 beendete eine Herzattacke auf der Straße sein bedauernswertes, liebloses Leben."

Als sein ältester Bruder Felix 1966 starb, half Max sogar bei der Obduktion des toten Geschwisters. Sieben Stunden untersuchte er mit dem Klinikarzt den Leichnam, um Felix' Todesursache zu erforschen. Max fand die Leber und Nieren seines Bruders schwer beschädigt und er zeigte sich überrascht, daß Felix trotz der zerstörten Organe bis zum Schluß relativ „symptomfrei" hatte leben können. Auch das Herz von Felix sei schwer degeneriert gewesen „und zum Teil in Narbengewebe" verwandelt. Ein Infarkt sei allerdings nicht feststellbar gewesen.

Max hatte seine vier älteren Geschwister immer wieder darauf hingewiesen, daß sie an gefährlich hohem Blutdruck litten und daß sie sich einer ärztlichen Untersuchung unterziehen müßten. Das Leben seiner Geschwister, so das Fazit des alten Max Wolf, hätte um Jahre verlängert werden können, wenn diese auf seine – vergeblichen – Ratschläge und Warnungen gehört hätten. „Ich konnte nicht verstehen, was der Grund eines solchen Komplexes gegen Diagnose oder Behandlung war, wo sie doch alle ein wenig ärztliche Vorbildung hatten."

Das Bemühen, das menschliche Leben zu verlängern, indem man Risikofaktoren, gesundheitsgefährdende Einflüsse erkennt und bekämpft, war nicht irgendein Steckenpferd eines altersweisen Mediziners, der für eine moralinsaure und enthaltsame Lebensweise plädierte. Es war Wolfs ganze Leidenschaft gewesen, das menschliche Leben zu verlängern. Wolf selbst hatte nie Angst vor dem Sterben. Er empfand sein Leben immer als ein Geschenk, das es auszukosten gelte, von dem er sich aber auch trennen könne, wenn es denn soweit sei.

Daß er im hohen Alter daran interessiert war, noch älter, vielleicht sogar hundert Jahre alt zu werden, entsprang viel eher seinem Forscherdrang als dem verzweifelten Versuch, sich am Leben festzuklammern. Wenn der alte Max Wolf sich selbst, seinen eigenen Körper diagnostizierte und therapierte, dann deshalb, weil er nach den Bedingungen des Alterns forschte. Schließlich glaubte er, verschiedene Strategien erkannt zu haben, an die man sich halten müsse, um ein hohes Alter zu erreichen.

Er selbst nahm zum Beispiel regelmäßig hohe Dosen WoBe, ein Enzymgemisch, das er selber entwickelt hatte und das heute mit dem Namen Max Wolf zuerst assoziiert wird. Wolf sprach oft und gern mit sehr alten Menschen, um von ihnen zu erfahren, was das Geheimnis ihres langen Lebens sei. Diese Gespräche bestätigten ihm den Wert einer Maxime, der er ohnehin immer gefolgt war: Wer sich auf den nächsten Tag freut, ihn ausfüllen will mit seiner ganzen Lebenskraft, wer bereit ist, sich auch am nächsten Tag dem Leben rückhaltlos zu stellen, der wird den nächsten Tag auch erleben. Max Wolf überlebte seine ganze Familie um Jahre. Er starb 1976 im Alter von 91 Jahren. Es war ein erfülltes und leidenschaftliches Leben.

Kindheit

Schon in seiner Jugend deutete sich an, was Wolf selbst als Motto über seine Autobiographie stellte: „Ich ging meiner Wege."

Wenn der alte Max Wolf sich an seine früheste Kindheit zu erinnern suchte, dann gelang es ihm, aus dem Nebel der Bilder und Personen, die sich in seiner Vorstellung formten, einen Park wiederzuerkennen, der ganz in der Nähe der Wohnung in der Neubaugasse in Wien gelegen war: der Esterhazy Park. Dorthin nahm ihn fast täglich nach dem Frühstück seine böhmische Amme, Anna Magula, mit. Sie betreute ihn, bis er fünf Jahre alt war. Im Park traf Anna ihren Liebhaber, einen Soldaten.

Der kleine Max suchte gerne Schutz unter Annas weitem, gestärktem Rock. „In meiner Jugend war ich stets scheu und furchtsam." Als Kind hatte er Angst vor Fremden und Panik im Dunklen. Einen Kindergarten besuchte Max nicht. Er verbrachte den Tag mit seinen drei Brüdern und zwei Schwestern meist auf der Straße. Max besuchte in Wien die Volksschule in der Kleinen Sperrlgasse im 2. Bezirk.

Mit anderen vierzig, fünfzig Kindern in einem Klassenzimmer zusammen zu sein, empfand er zunächst als Qual. Er hatte Angst vor dem Lehrer, traute sich auch nicht, um Erlaubnis zu fragen, den Raum verlassen zu dürfen, wenn er Bauchschmerzen hatte oder auf die Toilette mußte. „Durch solche Zurückdrängung litt ich schon in jungen Jahren an dauernder Verstopfung." Abends trank er öfters einen verdauungsfördernden Tee. Tags darauf konnte es nur allzu oft geschehen, daß er während der Schule in die Hose machte und sich dann fürchterlich schämte, wenn es schon heraussickerte.

Einer seiner Lehrer hieß Alois Pointner. Er zwang die

Kinder dazu, stets beide Hände flach auf dem Pult liegen zu lassen. Bei Zuwiderhandlung schlug er erbarmungslos mit einem Rohrstab auf die Hand. Bei noch größeren Vergehen – Ruhestörung oder Schuleschwänzen – legte er das jeweilige Kind übers Knie und schlug mit dem Rohrstab zehnmal auf den nackten Hintern. In den oberen Stockwerken der Volksschule war eine Gewerbeschule untergebracht. Alle zwei Wochen wurde aus dieser Schule eine Gruppe von Halbwüchsigen in das Klassenzimmer der Volksschule geschickt. Die Gewerbeschüler, die sich irgendwelcher Vergehen schuldig gemacht hatten, mußten sich auf die vorderste Bank legen und erhielten, auch auf den nackten Po, Schläge mit dem berüchtigten Rohrstab des Lehrers Pointner. Max haßte diesen Menschen. „Dieses dünne, lange Ungeheuer, eine Art Vertreter des Teufels, hatte lange Zähne und Finger wie eine Spinne."

Nach eigenem Eindruck war Max das schwächste und kleinste Kind der Klasse. Seine Schulleistungen im Lesen, Schreiben und Zeichnen waren schlecht, da er als Linkshänder zum steten Gebrauch der rechten Hand gezwungen wurde. In anderen Fächern – mit Ausnahme von Sport – hatte er zufriedenstellende Noten.

Max wurde oft verprügelt. Er fühlte sich umgeben von Peinigern, die er, ebenso wie den Lehrer, haßte. Stets freute sich Max auf seine schulfreien Nachmittage. Dann lag er oft stundenlang zu Hause auf dem Sofa und gab sich seinen Wachträumen hin. „Da wurde ich auf einmal groß und allmächtig. Konnte nach Willkür den Lehrer und alle anderen grausamen Feinde, soviel ich wollte, züchtigen. In diesen Wachträumen wurde ich bewundert und als Held gefeiert, da ich ja der Freund unseres Kaisers war und beinahe so mächtig wie er." In diesen heilsamen Nachmittagsschlaf flüchtete sich Wolf auch als Erwachsener.

Die Volksschule in Österreich dauerte damals fünf Jahre. Während seines vierten Schuljahrs zog die Familie Wolf aus Wien an die Westgrenze Böhmens in das Dorf Palitz. Wolfs Vater, der in Wien ein Kolonialwarengeschäft hatte, erwarb 1891 einen großen Bauernhof in Steinamanger an der ungarischen Grenze. Der Verwalter, den er dort einsetzte, wirtschaftete aber in die eigene Tasche und David Wolf verkaufte das Gut wieder.

Von dem Erlös erwarb er in Palitz ein großes ehemaliges Rittergut. Ein zweihundert Jahre altes Schloß mit Stallungen, Scheunen und Gebäuden für die Dienerschaft. Der viele Hektar große Grund bestand aus Obstgärten, Feldern, Wiesen und einem Wald, in dem viele heiße und kalte Heilquellen waren. Zu dem Besitz des Gutes zählten auch verschiedene kommunale Gebäude des Dorfes – so die Kirche, das Schulhaus, Vorratsscheunen und einige Bauernhäuser. Es verwundert daher nicht, daß es bei diesen Besitz- und Machtverhältnissen nur allzu leicht zu Reibereien mit den Dorfbewohnern kam, die gegen die Kaufmannsfamilie aus der Großstadt Wien Neid entwickelten.

Und dennoch: Max Wolf empfand diesen Teil seiner Jugend offenbar als besonders angenehm. Stundenlang wanderte der junge Max durch den Hochwald von Palitz. In der Natur erholte sich das Kind von den Anfeindungen, die ihm der Lehrer und die Klassenkameraden entgegenbrachten. Die Dorfbewohner, die ihre Verachtung dem Vater der Familie Wolf nicht zu zeigen getrauten, ließen dafür die Kinder deutlich spüren, was sie von Großgrundbesitzern hielten.

Die Schule des Dorfes war natürlich mit der von Wien nicht zu vergleichen. Acht Jahrgänge wurden in Palitz in einer Klasse zusammen unterrichtet. Der Lehrer war auch als Schuldiener, also als Hausmeister tätig. Er wohnte allein im Dachgeschoß der Schule. Da sein Gehalt gering war, bedachten ihn die Dorfbewohner regelmäßig mit Nahrungsmitteln.

Begeistert war Max vom Garten, der das elterliche Anwesen umgab. Im Zentrum der Anlage war unter einem uralten Nußbaum ein großer runder Springbrunnen mit Goldfischen und Wasserlilien. Hinter hohen Hecken gab es mehrere verfallene Beete, auf denen wilde Rosen wuchsen. Gleich neben dem Garten war der Stall für die Gänse und Hühner.

Der junge Max war damals – wie jedes von einer Sache begeisterte Kind – ganz sicher, daß er einmal Bauer werden würde. Er entdeckte seine Liebe zur Natur, suchte im Wald nach Beeren und Pilzen, brach mit dem Jäger vor Morgengrauen auf, um am Rande des Waldteiches das Wild zu beobachten, trieb auf dem Hof oft stundenlang die Ochsen an, die, an einen Balken angeschirrt, im Kreis gingen und die Maschinen in der Scheune in Bewegung hielten.

Max hat diese Eindrücke nie vergessen. Später in Amerika investierte er seine ganze Freizeit, um in seinen weitläufigen Anwesen märchenhafte Gärten anzulegen. Dabei geriet die Beschäftigung mit Pflanzen und Tieren bei Wolf immer wieder über die Pflege eines Hobbies hinaus. Wolf züchtete Pflanzen, experimentierte mit Tieren und war auch in seinem Garten dauernd am Forschen, Testen und Beobachten.

Für Wolf gab es keine verschiedenen Wertigkeiten der Natur. Für ihn war alles Geheimnis, war Leben – und damit seiner Achtung und seiner Neugier würdig. Vielleicht rührt von den Jahren in Palitz Wolfs Überzeugung, daß es nicht der Arzt, sondern die Natur sei, die die Heilung eines kranken Menschen vollbringe. So kam Max damals in Kontakt mit den überlieferten Heilkünsten einer bäuerischen Bevölkerung, die sich bei der Behandlung von Krankheiten noch weitgehend auf die Weisheit der Natur verlassen hat.

In den langen Winterabenden saßen die Frauen des Dorfes im Gut der Wolfs um den großen Küchentisch und „spleißten Federn". Die weichen Teile der Gänse- und Hühnerfedern wurden zum Füllmaterial für Betten verarbeitet. Aus den steifen Federkielen wurden Zahnstocher. Max saß bei den Frauen und horchte auf deren Gespräche. Er erfuhr, daß die Bäuerinnen schmutzige Wunden und Verbrennungen mit Kuhdreck behandelten. Auf Abschürfungen, so die Frauen, sei Butter zu legen. Danach müsse ein Hund die Wunde ablecken. Max lernte, welche Pflanzen, roh oder gekocht, bei Schlaflosigkeit halfen, bei Durchfall, Verstopfung oder Heiserkeit, Dummheit oder Schmerz.

Um einen Schluckauf zu verjagen, empfahlen die Frauen, den Daumen, Zeige- und Mittelfinger fest zusammenzupressen und aufmerksam auf den Treffpunkt der drei Finger zu blicken. „In meiner sechzigjährigen medizinischen Praxis hat sich dieser Trick stets bewährt. Die intensive Aufmerksamkeit erzeugt reguläres Atmen, das den Spasmus in der Speiseröhre beruhigt."

Wolfs Gymnasialzeit von 1894 bis 1902 war geprägt von entscheidenden politischen und persönlichen Veränderungen. Zusammen mit seinem Bruder Oskar besuchte Max zunächst das Gymnasium in Eger, einem Ort, der von Palitz etwa zwei Eisenbahnstunden entfernt war. Die Kinder lebten dort – zusammen mit drei älteren Schülern – als sogenannte Externe in der Familie des Metzgers Karl Weigert. Doch die Familie Wolf zog 1895 nach Prag. Der Vater hatte das Gut in Palitz gegen Braunkohlewerke in Böhmen und eine Ziegelfabrik in Prag getauscht.

Max besuchte in Prag das „K.K. Staatsgymnasium mit deutscher Unterrichtssprache", das renommierte Kinsky-Palais in der Prager Altstadt. Etwa zur gleichen Zeit hat dort auch Franz Kafka (1883-1924) die Schulbank gedrückt. Als die Wolfs sich gerade in der Großstadt einzurichten begannen, kam es zur Revolution. Die Tschechen sagten sich los von der ungarischen Monarchie und erklärten sich für selbständig. Auch in Prag galt das Standrecht. Die Verängstigten wagten sich wochenlang nicht auf die Straße. Wie andere Deutsche und Juden auch wurden die Wolfs enteignet. Sie verloren von einem Tag auf den anderen ihre sämtlichen Besitztümer, mußten ihre Wohnung verlassen und flüchteten nach Wien, ohne auch nur einen Heller zu besitzen.

Der eigene Weg –
Trennung von den Eltern

Die Familie fand eine Zwei-Zimmer-Wohnung am Rande der Stadt. Max' Schwester Charlotte hatte eine Stelle als Sekretärin angenommen und ernährte mit den paar Kronen, die sie verdiente, die ganze Familie. Max konnte so die Schule fortsetzen. Er besuchte das Wasa-Gymnasium im 9. Bezirk von Wien. Die Familie durchlebte in diesen Jahren ihre schwerste Krise.

Der Vater ließ sich zu Hause kaum noch blicken, da er verzweifelt versuchte, beruflich wieder Fuß zu fassen. Die Mutter wurde immer kränklicher. Die Wohnung war viel zu klein. Die Kinder waren sich selbst überlassen. Max ging jeden Tag über eine Stunde zu Fuß in die Schule, da er kein Geld für die Straßenbahn hatte. Im Winter schleppte er Kohlen, um wenigstens ein paar Kronen zu verdienen.

Der älteste Bruder, Felix, verließ die Familie und wanderte nach Amerika aus. Er fand Arbeit bei seinem Onkel Daniel, der in New York einen Grabsteinhandel besaß.

1897 hielt es Max bei der Familie nicht mehr aus. In der kleinen Wohnung war ständig schlechte Stimmung. Max war zu diesem Zeitpunkt gerade zwölf Jahre alt. Er entschied sich, auszuziehen. Er verkündete, daß er seiner Familie den Rücken kehre, daß er gedenke, von nun an auf eigenen Beinen zu stehen, daß er nicht mehr zurückkomme. Er klemmte sich ein paar Schulbücher und sein Schreibzeug unter den Arm, nahm Abschied und ging. Max Wolf kehrte nicht mehr zurück. Von diesem Tag an ernährte er sich sein ganzes Leben selbst, blieb finanziell unabhängig und hat, wie er im Rückblick beteuerte, diesen Schritt nie bereut. Im Gegenteil, mit dieser Entscheidung, so stellte der alte Max Wolf lapidar fest, habe seine „innere Entwicklung" begonnen.

Die Entscheidung, von zu Hause fortzugehen, ist an sich schon, wenn sie ein Zwölfjähriger trifft, ein Kuriosum. Bei Max Wolf war sie vollkommen überraschend. Der bisherige Lebensweg des Kindes gibt keinen Anhaltspunkt, woher es die Kraft nahm, einen derartigen Schritt zu tun.

Max Wolf selbst hat später immer wieder verwundert betont, daß er ein schüchternes Kind gewesen sei, das sich allzu gern zurückzog und sich in Tagträumen verlor.

Vielleicht waren es diese Tagträume, diese Refugien im Geist, die Max Wolf eine ganz eigentümliche Kraft verliehen. Selbstvertrauen schöpfte das Kind nicht so sehr durch das, was es bis dato geleistet hatte. Max vertraute auf seine Träume, auf seinen Willen, diese Träume Wirklichkeit werden zu lassen. Der Entschiedenheit, die der Zwölfjährige hatte, als er sagte, er werde nun sein Leben selbst in die Hand nehmen, begegnet man in seiner Biographie des öfteren.

Jemand, der sich mit Wolf auch nur flüchtig beschäftigt, wird sich unweigerlich einige Fragen stellen: Wie kann ein Arzt auf so viele Patienten einen derartig starken Einfluß haben? Wie kann ein Forscher so leidenschaftlich an die Heilkraft bestimmter Wirkstoffe glauben? Wie kann ein Mensch sein ganzes Leben so erfolgreich und glücklich gestalten, obwohl er in einer Zeit gelebt hat, die ihn eigentlich hätte verzweifeln lassen müssen?

Max Wolf lebte, seit seiner Trennung von der Familie, mit der Überzeugung, daß das Glück nur dem hilft, der das Glück auch haben will.

Das Kind, das kein Geld und keine Wohnung mehr hatte, fand einen Schulkameraden, der es zu sich aufnahm. Bald darauf begann Max, einem anderen Mitschüler Nachhilfe zu geben, und erhielt von dessen wohlhabenden, in Wien angesehenen Eltern ein Gehalt von fünfzig Kronen im Monat, dazu noch Unterkunft und Kost. Max selber hatte mit der Schule keine Probleme. Im Gegenteil, er hatte in den meisten Fächern ausgezeichnete Noten. Da er immer zu den besten Schülern des Gymnasiums zählte, mußte er auch kein Schulgeld zahlen. Ein Umstand, den ein Schüler, der sich seinen Lebensunterhalt selbst verdienen muß, dankbar zur Kenntnis nimmt.

Und obwohl er über seinen Nachhilfeschüler und dessen Vater, den Orthopäden Lorenz, Einblick in die Medizin nehmen konnte, entwickelten sich bei dem heranwachsenden Max keine ,,medizinischen" Interessen. Für Naturwissenschaften interessierte er sich zwar, aber auch für Latein und Griechisch.

Hätte man ihn damals nach seinem Berufsziel gefragt, hätte Max Wolf sicher nicht ,,Arzt" geantwortet. Vielleicht hätte er den Fragenden zu einem Spaziergang durch Wien eingeladen, wäre mit ihm zum Kunsthistorischen Museum gegangen und hätte ihn zu all' den Statuen und Gemälden geführt, die ihn, seit er sie das erstemal gesehen hatte, so beeindruckten. ,,Ich hatte nie geahnt, daß solche Herrlichkeiten existierten. Eine Welle übermenschlicher Bewunderung kam über mich und eine tiefe Erregung. Ich fühlte mich beschwingt, auf Wolken schwebend über der Alltagsmenge, die wie Ameisen auf ihrem Haufen ziellos hin- und herlaufen. Gemälde wie Rubens, Raphael oder Rembrandt schienen mir perfekt, wie vom Schöpfer selbst erschaffen – die höchsten Leistungen des menschlichen Geistes. Da reifte der Gedanke in mir, auch ein Künstler zu werden und mich zu bemühen, durch Liebe und eisernen Fleiß auch solch herrlichen Werke hervorzubringen, die ähnlich tiefe Emotionen erzeugen würden wie diese."

Eines Tages hatte Max ein Erlebnis, das ihn noch lange nachhaltig beeindrucken sollte. Bei einem Aufenthalt in den Praterauen wurden er und sein Bruder Oskar von einem schweren Gewitter überrascht. Durch den Luftdruck eines Blitzes, der etwa einen Meter vor ihnen in einen Baumstamm einschlug, wurden sie zu Boden geworfen. Beide verloren für einige Stunden das Bewußtsein, erlitten aber nur leichte Verbrennungen und einige geringfügige Kontusionen.

Max, der so stark begeisterungsfähige Jugendliche, durchlebte während seiner Gymnasialzeit natürlich auch eine Phase, in der er, so wie ungezählte Heranwachsende vor ihm und nach ihm, leidenschaftlich den Sinn des Lebens ergründen wollte. Er vergrub sich in die Bücher der großen Philosophen Plato, Kant, Nietzsche und Hegel. Er war überzeugt davon, daß es nur einer gründlichen Lektüre der großen Denker bedürfe, um in den Besitz der vollkommenen Weisheit zu gelangen.

Doch war dieses nur ein Strohfeuer. Schnell wandte sich Max Wolf von der Philosophie wieder ab. Sie erschien ihm bald als nutzloses und eitles Geschäft mit subjektiven und „unbewiesenen" Behauptungen. Ähnlich erging es mit anderen geisteswissenschaftlichen Disziplinen.

Es lohnt sich, Wolfs Abkehr von den Geisteswissenschaften zu bedenken. Es ist eine Abkehr, die, auch wenn es dem Knaben nicht bewußt war, den weiteren Werdegang Wolfs beeinflußte und sich später verschiedentlich wiederholte. Entschied sich Wolf doch stets gegen die beste Theorie, gegen den nur akademischen, nur gelehrten Diskurs. Ein Leben lang war er Praktiker, Pragmatiker.

Ihm, der für sich entschieden hatte, daß es nicht lohne, über den Sinn des Lebens nachzudenken, da das Leben so etwas wie Sinn überhaupt nicht beinhalte, blieb eigentlich nur noch der Weg in die Praxis. Wolf war an den Hintergründen des Lebens nicht mehr interessiert, seine ganze Leidenschaft galt den Phänomenen des Lebens selbst.

Es ist kein Zufall, daß Wolf, der sich als Schüler von der Philosophie abgewandt hatte, im Laufe seines Lebens immer mehr Interesse an der Genetik zeigte. Nicht Hypothesen oder Theoreme, sondern Regeln und Gesetzmäßigkeiten fesselten ihn.

Real quälten den Schüler Max Wolf seinerzeit aber andere Sorgen. Einer seiner Mitschüler war Ernst Lederer, dessen Eltern einflußreiche Großindustrielle in Österreich waren und eine berühmte Sammlung moderner Kunst besaßen. Wenn sie in ihrer Villa in Döbling zum Fest luden, dann traf sich dort regelmäßig die Elite der Stadt. Eingeladen wurde auch Ernsts schüchterner und stotternder Klassenkamerad: Max Wolf. Nicht immer konnte sich dieser durch ,,faule" Ausreden vor dem Fest drücken, und ,,wenn ich manchmal zusagte, benahm ich mich höchst ungeschickt. Ich war besonders verlegen und befangen in Gesellschaft von Mädchen und lernte nie tanzen."

Die Scheu vor der Öffentlichkeit legte Max Wolf auch später nicht ab. Ein Kuriosum, wenn man bedenkt, daß er als anerkannter Arzt der Oberschicht von New York Präsidenten,

Milliardäre und Hollywoodstars behandelte und diese auch regelmäßig zu Festlichkeiten zu sich nach Hause einlud. Doch, wie später noch einmal zu betonen sein wird, es war eigentlich nicht Max Wolf, der den Kontakt zur High Society pflegte. Vielmehr war seine Frau in diesem Bereich sehr viel kompetenter. Sie war die Managerin, auch die ihres Mannes.

Wolf mag seinen eigenen Auftritt in der Öffentlichkeit zwar kritisiert haben, doch als Gymnasiast war sein Selbstbewußtsein bereits deutlich stärker entwickelt als während der Zeit in der Volksschule. Seine Mitschüler im Gymnasium beschrieb Wolf als durchwegs sympathisch – „. . . und ich hatte immer das Bedürfnis, den Schwächeren zu helfen, damit sie ihre Prüfungen bestanden."

Die Kameradschaft innerhalb der Klasse gab Max ein Gefühl von Zusammengehörigkeit, das er bei seinen Geschwistern offenbar nicht so gefunden hatte. Aus seiner Bereitschaft, dem „Schwächeren zu helfen", hatte Max inzwischen seinen ersten Beruf gemacht: Als fortgeschrittener Schüler verdiente er sich seinen Lebensunterhalt als Erzieher von Ludwig Sorer, einem Sohn reicher Eltern. Wann er den Posten bei Sorer antrat, läßt sich nicht genau sagen, doch war er dort nahezu acht Jahre lang beschäftigt.

Ludwigs Mutter war tot. Der alte Vater kümmerte sich um sein Kind offenbar nicht mehr richtig. Max verlebte die Sommermonate immer zusammen mit Ludwig, den er als „attraktiv und temperamentvoll" beschrieb, dessen „Innenleben" Max aber als vernachlässigt empfand. Die beiden reisten im Laufe der Jahre quer durch Europa, besuchten die großen Städte und waren nur in den besten Hotels untergebracht.

Wolf schrieb über diese Zeit: „Ich entwickelte in ihm Liebe für die Schönheit in der Natur, für bildende Künste, Poesie und Musik, auch für Tennis, Bergsteigen und andere

Sportarten. Wir unternahmen oft schwierige und gefährliche Bergtouren. Wir beide wollten Naturalisten werden und unser ganzes Leben Naturforscher bleiben."

Es sei hier noch einmal an Wolfs Abkehr von der Philosophie erinnert. Unmerklich, aber dennoch unwiderruflich begab sich Wolf auf einen Lebenspfad, den er bis zum Ende entschlossen und erfüllt ging.

Ludwigs Vater übrigens starb einen tragischen, aber auch einen komischen Tod. Er hatte als alter Mann eine sehr viel jüngere Frau geheiratet. Aufgrund seiner fortgeschrittenen Arteriosklerose erlitt er eine Herzattacke, die ihn während des Beischlafs tötete.

Studium

Im Sommer 1903 machte Wolf seine Matura-Prüfung mit Auszeichnung. Er fühlte sich zum erstenmal frei. Allein die Realität holte ihn schnell wieder ein. Da er keine besonderen geistigen Eigenschaften geerbt und keine einseitigen Begabungen zeigte, konnte er sich anfangs nicht zwischen den ins Auge gefaßten Berufswünschen – Arzt, Ökonom, Landwirt, Künstler, Naturwissenschaftler – entscheiden. Max zog eine Bilanz seiner Qualitäten, Möglichkeiten und Ziele auf der einen Seite und Schwächen, Hindernisse und Fehler auf der anderen Seite. Doch auch nach einer mehrwöchigen Wanderung durch Mitteleuropa, die er mit seinem Schulkameraden Joseph Strauß unternahm, konnte er sich noch für keinen Beruf entscheiden. Er bat daher seinen Vater um Hilfe. Dieser schlug alle vom Sohn gefaßten Berufsziele in den Wind. Er riet Max zum Studium eines praktisch anwendbaren, technischen Berufes, um möglichst schnell ein ausreichendes Einkommen und damit Unabhängigkeit zu erlangen. Später könne er ja, wenn er wolle, noch etwas anderes studieren. Außerdem gäbe es in Wien viel zu viele Ärzte, die keine Anstellung fänden und wegen fehlender Beziehungen „Anfangsstellen in Fabriken" annehmen müßten. Max hörte auf seinen Vater und schrieb sich deshalb im Herbst 1903 für das Studium eines „Civil-Ingenieurs" ein.

Dabei entschied sich Max schon in den ersten Semestern für eine sehr eigenwillige Studienstrategie. Er besuchte keine Seminare und Vorlesungen, sondern deckte sich zu Hause mit allen wichtigen Lehrbüchern über das jeweilige Fach ein. Vor Prüfungen lernte er auf seiner Bude, die er mit sieben anderen Studenten bewohnte, Tag und Nacht. Reichte dazu die Zeit tagsüber nicht aus und wurde im Studentenwohnheim abends um zehn Uhr das Licht gelöscht, so ging Max in eines der Wiener Caféhäuser und lernte hier bis zum Geschäftsschluß weiter. Oft sah Max seine Professoren am Schluß des Semesters, am Tag der Prüfung, zum erstenmal.

Nichtsdestoweniger bestand er alle Prüfungen auf Anhieb und absolvierte das Studium in kürzestmöglicher Zeit. 1908 graduierte er nach zehn Semestern und erhielt dabei in zwei Prüfungsfächern gar ein „summa cum laude". „Sicherlich bin ich weit davon entfernt, meine Studienmethode anderen Studenten zu empfehlen, aber ich habe wenigstens in meinem Fall bewiesen, daß es mit Willensstärke und Disziplin möglich ist."

Seinen Lebensunterhalt verdiente Wolf während des ganzen Studiums als Hauslehrer bei Ludwig Sorer. In seiner Freizeit beschäftigte er sich intensiv mit der Malerei. Er assistierte dem damals berühmten ungarischen Portraitmaler Laszlo, der 1905 aber nach England auswanderte und dort berühmt sowie geadelt wurde.

Hunderte von adligen und reichen Österreichern ließen

Max Wolf in jungen Jahren

sich damals von Laszlo malen. Der Meister fertigte von seinen Kunden allerdings nur rasche Skizzen in Öl. Wolfs Aufgabe war es, diesen Bilder den nötigen Feinschliff zu verpassen.

Nach Laszlos Weggang „erbte" Wolf nicht nur dessen Studio, sondern auch die Kundenkartei. Hier lernte Max auch Wilhelm Ostwald kennen, der ihm dreimal Modell saß und ihn in die von Ernst Haeckel begründete und von ihm weiterentwickelte naturwissenschaftlich-materialistische Weltanschauung des Monismus einführte.

Beim Zeichnen all der wohlgeformten und häßlichen Gesichter dachte sich Wolf bisweilen, er sei ein Schönheitschirurg, sein Stift sei das Messer und er verbessere gerade die natürlichen Gesichtszüge seiner Klienten. In Wien machte zu jener Zeit der erste wirkliche Gesichts- und Schönheitschirurg, ein Mann namens Gerunsi, von sich reden. Wolf begann, nebenher Medizin zu studieren.

Ganz nebenbei entwickelte Wolf auch eine neue Radierungstechnik, mit deren Hilfe es möglich war, statt der teuren und schweren Kupferplatten auf Zelluloid zu arbeiten. Hierüber schrieb Max Wolf in einer kleinen Kunstzeitschrift seinen ersten Artikel. Fünfzig Jahre später erfuhr er durch Zufall, daß sich seine Technik weltweit durchgesetzt hatte.

Der vielbeschäftigte Student lebte nicht gerade gesund. Er aß wenig und unregelmäßig, trank während des Malens übermäßig viel Kaffee und Bier, rauchte täglich hunderte von Zigaretten, hatte Schlafstörungen. Er wog weniger als fünfzig

Max Wolf (Mitte) mit zwei seiner Brüder

Kilo. In einer schlaflosen Nacht dachte er über seine Lebensweise nach. Er war deprimiert, verachtete sich, fühlte sich als Sklave seiner Gewohnheiten.

„Ich nahm mir fest vor, von diesem Tag an ein gesünderes Leben zu beginnen, nie mehr zu rauchen und allen Kaffee und alkoholische Getränke zu meiden, andrerseits regelmäßige und gesunde Eßgewohnheiten anzunehmen." Max blieb bei seinem Entschluß, auch als er erkennen mußte, daß er ohne Zigarette nicht mehr gut malen konnte. Er, dessen Ölbilder in der Kunstszene Wiens längst bekannt, geschätzt und mit Preisen ausgezeichnet waren (Max hatte für seine Bilder inzwischen sogar den begehrten „Kaiserpreis" erhalten), blieb bei seiner Entscheidung für die Gesundheit und gegen die Kunst. Die restlichen siebzig Jahre seines Lebens rührte er keine Zigarette mehr an.

Bei einer Klettertour in der Südwand des Triglav in den Julischen Alpen geriet der Einzelgänger Max Wolf beim Rückweg vom Gipfel in eine Felslawine und wurde hinter eine Felszacke geschleudert. Als er spätabends aus seiner Bewußtlosigkeit erwachte, konnte er – trotz diverser blutender Verletzungen – ohne Fremdhilfe zur Touristenhütte zurückkehren. Dieses Erlebnis – wie auch jener Blitzschlag wenige Jahre zuvor – hatte zur Folge, daß Max seine Furcht vor Gefahren verlor. Auch sein Ehrgeiz relativierte sich etwas.

Als fortgeschrittener Student verkehrte Wolf regelmäßig in den Künstler- und Intellektuellenkreisen von Wien. Dreimal in der Woche traf er sich im Café Museum mit einer Gruppe von Schriftstellern, Malern und Philosophen. Zu seinem Bekanntenkreis zählten der Journalist und Herausgeber der legendären Zeitschrift „Die Fackel" Karl Kraus, die Dichter Hermann Hesse und Franz Kafka, ein Namensvetter des bekannten Schriftstellers, sowie die Maler Gustav Klimt und Oskar Kokoschka.

Seine besten Freunde waren in dieser Zeit die beiden Studenten Emil Schön und Paul Friedmann. Beide waren Söhne von Rabbinern. Emil litt an einer chronischen Mittelohrinfektion, die bald nach seiner Graduation und Heirat zu einer tödlichen Gehirnhautentzündung führte.

Paul diskutierte mit Max oft über den Zweck des Lebens und über die Seele nach dem Tod. Paul war sicher, daß das Leben nur eine kurze lästige Phase der menschlichen Existenz sei, die es so rasch wie möglich zu überwinden gelte. Der empfindsame Student erklärte manchmal voller Leidenschaft, man müsse unbedingt dann sterben, wenn man gerade am glücklichsten sei. Irgendwann an einem Tag im Jahre 1905 war Paul besonders gut aufgelegt. Er hatte eine schwierige Prüfung bestanden, hatte gerade viel Geld in der Tasche, war glücklich verliebt. Er aß an diesem Tag mit seiner Freundin in einem teuren Restaurant, ging im Wienerwald spazieren, besuchte die Oper und hörte dort sein Lieblingsstück: Carmen.

Spät am Abend fuhr Paul Friedmann zum Nordbahnhof und warf sich vor den heranrasenden Schnellzug aus Prag auf die Schienen. Doch der Selbstmordversuch mißglückte. Kopf und Rumpf gerieten zwischen die Gleise, die beiden Arme überfuhr der Zug und riß sie von den Schultern. In der Nacht rief Paul vom Krankenhaus aus seinen Freund Max Wolf an. Er erzählte ihm, was geschehen war, berichtete, er fühle sich ganz wohl, nur etwas schwach.

Warum er vor den Zug gesprungen war, konnte er nicht sagen. Er erinnerte sich aber daran, daß er sich unter dem Zug vollkommen glücklich gefühlt hatte. Er hatte die Waggons gezählt, die über ihn rollten, er sah den Himmel und lauschte auf eine überirdisch schöne Melodie. Paul erzählte seinem

Freund, daß er geglaubt habe, sanft und ohne Schmerz die Welt zu verlassen und Gott entgegen zu schweben. Max brachte ihm am nächsten Tag genügend Morphiumtabletten, um seinen Selbstmordversuch zu vollenden. Doch Paul wollte nicht mehr sterben. Er sagte, daß er seinen Eltern eine solche Schande ersparen wolle und daß er es vorziehe, sein Dasein als Krüppel zu fristen.

Wolf, der zu dieser Zeit in einem Bauernhof auf dem Steyerberg lebte, nahm Paul zu sich. Die beiden lebten drei Monate auf dem einsam gelegenen Gehöft. „Ich fütterte ihn, zog ihn an und reinigte ihn, half ihm bei der Befriedigung seiner Bedürfnisse." Zusammen mit einem Wiener orthopädischen Mechaniker entwickelte Wolf für seinen Freund zwei Armprothesen. Die künstlichen Arme waren an einer Weste befestigt, die sich Paul selbst anziehen konnte.

„Mittels Bändern, Rollen und Federn konnte er durch spezielle Bewegungen von Hüften, Schultern und Knien die künstlichen Arme und Hände bewegen und kontrollieren . . ." Er konnte mit dieser Prothese sogar selbständig essen.

Paul war Wolfs erster Patient, lange bevor dieser Arzt und die Medizin sein Handwerk werden sollte. Um in diesem Fall zu helfen, brauchte Max kein Studium und keinen Titel. Er half, weil er helfen wollte, weil er den Freund vom Leid befreien wollte. Max Wolf hat diese Bereitschaft zur Anteilnahme während seines ganzen Lebens nie verloren. Sie allein ist der Schlüssel für seinen Erfolg als Arzt. Ein Wunderheiler ist er nicht gewesen, sondern ein guter, erfolgreicher Arzt.

Als 1938 die österreichischen Nationalsozialisten den Juden Paul Friedmann nach England auswandern ließen, besorgte Wolf dem Freund dort einen Platz in einem Heim. Dreißig Jahre später schrieb Paul seinem Freund, daß er sich außerordentlich glücklich fühle, daß er mit seinem Schicksal zufrieden sei und eigentlich nur noch den Wunsch habe, ihn noch einmal zu sehen. Die Prothesen funktionierten auch nach sechzig Jahren ohne größere Probleme.

Während seiner Studienzeit in Wien verliebte sich Max zum erstenmal. Er war 21 Jahre alt, als er Nelly kennenlernte. „Sie war herrlich gebaut, mit rundem Babygesicht und faszinierenden großen, tiefliegenden blauen Augen, schwerem blonden Haar mit langen Zöpfen, die über ihrem schönen Kopf wie eine Krone gewunden waren."

Nelly war die ehemalige Freundin eines früheren Klassenkameraden von Max. Von diesem hatte sie einen Sohn. Als Max Nelly kennenlernte, war Paul, ihr Kind, zwei Monate alt. „Meine Liebesgeschichte mit Nelly war wunderbar und ungestört. Wir lebten nur füreinander. Alle unsere Gedanken und Gefühle trafen sich und verschmolzen miteinander. Ich träumte, sang, komponierte, radierte, malte und schrieb feurige Gedichte und Briefe an sie. Es war der Himmel auf Erden."

Nelly nahm eine Stelle als Kindermädchen an. Für Paul fand Max eine Tischlerfamilie, die sich um das Kind kümmerte. Nelly verbrachte die Wochenenden mit ihrem Sohn, auch Max besuchte Paul in den nächsten drei Jahren – so oft es nur irgend ging. Mit Nelly in eine gemeinsame Wohnung ziehen wollte er allerdings nicht. „Ich hatte das starke Bedürfnis nach Freiheit und Unabhängigkeit."

Die Harmonie zwischen Nelly und Max währte ein Jahr. Im Sommer 1907 schlief Nelly einmal mit einem anderen Mann. Sie infizierte sich mit Gonorrhöe und steckte auch Max an. „Sie erklärte und gestand mir ihren Fehltritt. Ich hatte Verständnis dafür, aber meine Liebe zu ihr war abgekühlt." Das Verhältnis wurde auch dadurch belastet, daß Max erst Monate später wieder gesund war.

Doch auch in den nächsten Jahren kümmerte sich Max um

den kleinen Paul und förderte ihn. Da er bei dem Kind eine musikalische Begabung zu entdecken glaubte, bezahlte er ihm später sogar den privaten Unterricht am Klavier. Paul wurde später als jüngster Schüler ins Wiener Konservatorium aufgenommen. Auch diese Ausbildung bezahlte Max Wolf.

Nelly heiratete 1910 den russischen Komponisten und Klaviervirtuosen Michael Schwarz, einen weiteren Freund Max Wolfs. Schwarz adoptierte Paul, der später ein erfolgreicher Orchesterdirigent und Kapellmeister wurde. In den fünfziger Jahren ließ sich die Familie Schwarz in New York nieder. „Michael wurde geistesgestört. Er watete weitab ins Meer und verschwand in den Wellen. Er ließ Abschiedszeilen zurück, in welchen er seinen Entschluß erklärte."

Amerika wider Willen

1908 erhielt Max Wolf sein Diplom als Ingenieur. Im Gegensatz zu den meisten anderen Graduierten, die ihr Auskommen zunächst als Angestellte eines größeren Konstruktionsbüros oder eines staatlichen Bauamtes suchten, machte er sich mit seiner eigenen Ingenieurfirma selbständig. Und er hatte auf Anhieb Erfolg. Er kam sofort an größere und gut bezahlte Aufträge heran.

„Ich engagierte vier gute Ingenieure und Zeichner und hatte sogleich ein gutes Einkommen." Er verdiente bald soviel, daß er auch die übrigen Mitglieder seiner Familie, die alle in den Jahren zwischen 1905 und 1912 nach Amerika ausgewandert waren, finanziell unterstützen konnte. Max Wolf selbst sah keine Veranlassung, in die Staaten zu übersiedeln. Seine Firma lief gut, und er hatte in Wien einen großen Freundeskreis.

Auch glaubte er, daß ihm die amerikanische Gesellschaft zu profitorientiert und kulturlos sei, als daß sich ihm drüben die Gelegenheit böte, sein Interesse für „Schönheit und Güte, Kunstverständnis und Idealismus" zu befriedigen. Immerhin: Nahezu regelmäßige Kurzbesuche nach New York unternahm Wolf schon, um seine Familie zu sehen. So war er im Frühjahr 1914 gerade in New York angekommen, als der erste Weltkrieg ausbrach.

Da er als Zivilingenieur wehrpflichtig und gesundheitlich auch verwendungsfähig war, meldete sich Max Wolf in der österreichischen Botschaft in New York. Zusammen mit zweitausend anderen Österreichern und Deutschen, die aufgrund des Beistandspaktes einrücken mußten und bereit waren, für ihre Nationen zu kämpfen, brachte man ihn an Bord des Dampfers „Leviathan".

Die „Leviathan", damals das größte Schiff unter deutscher Flagge, sollte zwar einen deutschen Hafen anlaufen, wurde aber nach fünf Tagen auf See von englischen Unterseebooten umzingelt. Die Briten forderten das deutsche Schiff ultimativ auf, nach New York zurückzukehren. Die Leviathan kehrte zurück, und Max Wolf blieb bis zum Kriegsende in den Staaten.

Er erfuhr erst 1919, daß das Bataillon, dem er eigentlich zugedacht war, an der italienischen Front beinahe bis auf den letzten Mann vernichtet worden war. „Der ganze Gipfel des Berges, unter welchem mein Regiment stationiert war, wurde mittels Dynamit gesprengt und verschüttete die gesamte Mannschaft, die darunter verletzt gelegen war. Wenn unser Schiff Europa erreicht hätte und ich bei meinem Regiment gewesen wäre, hätte ich wohl keine Chance gehabt, mit dem Leben davonzukommen."

Wolf versuchte, in New York wieder als Ingenieur Fuß zu

fassen. Doch schon bald merkte er, daß er mit den amerikanischen Konstruktionsmethoden nur bedingt zurechtkam. Er gab seinen Beruf auf und begann, Medizin zu studieren. Zusammen mit seinem jüngeren Bruder Willy schrieb er sich als Student in die Fordham Universität in New York ein.

Student und Professor

Max Wolf war 1914, nachdem Amerika Österreich den Krieg erklärt hatte, Bürger eines feindlichen Landes. Noch dazu hatte er den Rang eines Offiziers. Er hätte also normalerweise im Internierungslager landen müssen. Doch in seinen Erinnerungen berichtet Wolf nichts davon. Dort heißt es lediglich, er habe angefangen, Medizin zu studieren. Mir erzählte er jedoch, daß er sehr wohl von den Amerikanern interniert worden war. Die einzige Möglichkeit, aus dem Lager herauszukommen, sei gewesen, sich zu einem Medizinstudium bereit zu erklären. Wolf wäre demnach also gegen seinen Willen Arzt geworden.

Wie dem auch sei: Schon nach dem zweiten Semester waren Max und Willy die besten Studenten ihres Jahrgangs in der Fordham Universität. Viele ordentliche Professoren der Universität waren zum Kriegsdienst einberufen worden, und die Universitätsleitung war durch die Personalknappheit kaum noch in der Lage, den gesamten Lehrplan aufrechtzuerhalten. Max und Willy wurden kurzerhand ins Professorenkollegium aufgenommen. Die beiden waren zwar weiterhin als Studenten eingeschrieben, mußten auch an den jeweiligen Prüfungen teilnehmen, doch Vorlesungen und Seminare besuchten sie nicht mehr – sie hielten sie jetzt selber.

Überraschend ist, daß Max Wolf, der den Auftritt in der Öffentlichkeit eigentlich scheute, mit den Vorlesungen keine Probleme hatte. „Ich fühlte mich frei und wichtig, als ob ein Strom Energie von all den Hörern bis zur obersten Reihe auf mich einwirkte, und meine Ideen sprudelten manchmal von selbst aus mir." Wolfs selbstbewußter Auftritt im Hörsaal ist um so erstaunlicher, als er ja jünger war als die meisten seiner „Schüler". Außerdem sprach er Amerikanisch noch längst nicht so fließend, um seine Herkunft (als Mitglied einer verfeindeten Nation) verbergen zu können.

Der Ehrgeiz und Enthusiasmus, mit dem Wolf die Doppelrolle als Student und Professor aushielt, deutet an, daß die Medizin ihm ganz offensichtlich mehr bedeutete als nur eine neue Profession. Die wenigen Jahre, die er als Ingenieur tätig gewesen war, mag er sehr wohl ehrgeizig und erfolgreich gewesen sein. Doch Arzt wurde er aus Leidenschaft.

Wolf beschrieb sich selbst als strengen Lehrer, der von seinen Studenten zwar nicht geliebt wurde, der ihnen viel abverlangte, ihnen aber dafür auch viel beibrachte. „Trotz meiner vermutlich geringen Popularität war ich, glaube ich, ein guter Lehrer, weil ich mich stets bemühte, mich in die Lage des lernenden, unwissenden Zuhörers zu versetzen."

Die in dieser Zeit mit Carl Sherwin durchgeführten Untersuchungen über Fragen der hepatischen Vergiftung waren Gegenstand der ersten wissenschaftlichen Publikation Max Wolfs.

Für seinen Physiologieunterricht legte Wolf an der Universität einen regelrechten Kleintierzoo an. Auf dem Dachboden der Universität hielt er Frösche, Mäuse, Ratten, Kaninchen, Katzen und Hunde. Schon bald war das Biologische Institut von Fordham als Zentrum der tierbiologischen Experimente in New York bekannt.

Wolf unterrichtete in Fordham nicht nur nach dem reinen Lehrplan. Er versuchte bei seinen Schülern auch, eine ärztliche Ethik zu entwickeln. „Ich betrachtete immer den Ärzteberuf als eine ernste, sehr verantwortungsvolle Profession. Der arme Kranke vertraut sich dem Arzt an und sehnt sich nach Hilfe und Sympathie. Detailwissen und Medikamente sind weniger wichtig als ein menschliches Verhalten des Arztes gegenüber dem Kranken, seine Empathie und sein Hilfebedürfnis." Max Wolf hatte das tragische Schicksal seines Freundes Paul nicht vergessen.

Wolf beurteilte das Verhalten seiner Studenten in der „Praxis" besonders streng. Wenn sich ein Prüfungskandidat etwa bei einer gynäkologischen Untersuchung irgendeine Frivolität zuschulden kommen ließ, wurde er vom Unterricht ausgeschlossen und bisweilen sogar zu den Prüfungen nicht zugelassen.

Wolf übernahm die gynäkologische Abteilung von Fordham. Die Arbeit füllte ihn aus, doch irgendwann starb eine seiner Patientinnen. Er hatte an ihr eine Hysterektomie vorgenommen. Eine Stunden nach der Operation erlitt die Frau eine tödliche pulmonale Embolie. Wolf verzweifelte beinahe an der Frage, ob der Unfall hätte vermieden werden können. „Ich konnte wochenlang nicht darüber hinwegkommen. Schließlich beschloß ich, die Chirurgie aufzugeben und resignierte meine Stelle als Gynäkologe. Die Geburtshilfe jedoch hatte ich gern. Es gibt kein anderes Kranksein, bei dem sich ein Patient zuvor so miserabel fühlt und wenige Minuten später so glücklich ist wie bei der Geburt."

Ähnlich wie während seiner Studentenzeit in Wien hatte Wolf auch in New York wegen seiner diversen Interessen und Nebenbeschäftigungen einen ausgefüllten Terminplan. Um mit der Landessprache vertraut zu werden, besuchte er politische Vortragsveranstaltungen. Er hörte Roosevelt, Präsident Wilson und verschiedene Senatoren.

Um deren Reden noch besser zu verstehen, schrieb er die wichtigsten Inhalte mit. Er bemerkte, daß das deutsche Kurzschriftsystem (Gabelsberger) für die englische Sprache ungeeignet war. ,,Darum beschloß ich, für mich selbst eine perfekte Stenographie zu erfinden, die jede zögernde Bewegung vermied. Ich übte sie täglich, bis ich mit Leichtigkeit Reden im normalen Tempo niederschreiben konnte. Ich studierte gründlich die beiden englischen Kurzschriftsysteme (Greg und Potman) und wählte für mein persönliches System die besten Schriftzeichen aller drei Systeme."

Seine maßgeschneiderte Kurzschrift benutzte Wolf sein ganzes Leben lang. Seine Manuskripte, seine Patientenkartei, seine Notizen und Vorlesungen verfaßte er alle in seiner ,,Geheimschrift", von der er überzeugt war, daß sie auch anderen Ärzten und Forschern von Nutzen wäre.

,,Dead baby, dead doctor" – Erste Erfahrungen als Arzt

Während seiner Freizeit arbeitete Max Wolf für seinen Bruder Felix und seine beiden Schwestern, die in New York eine gemeinsame Zahnarztpraxis hatten. Zusammen mit seinem Bruder Willy übernahm Max die ,,zahnprothetischen" Arbeiten für die Praxis. Die beiden paßten die Goldkronen und Gebißbrücken ein.

1917, also noch zwei Jahre vor seiner Graduation an der Fordham Universität, wurde Max Wolf der Leiter der Berwind Maternity Clinic, der größten ambulanten Entbindungsklinik in New York. Die private Institution, finanziert von der Familie Berwind, war in der 130. Straße in Manhattan und für alle Geburten zwischen 89. und 145. Straße zuständig.

Betreut von der Klinik wurde die Bevölkerung der Schwarzenviertel Harlem und die arme deutsche und italienische Bevölkerung in den Slums von Manhattan. Für Wolf arbeiteten zehn graduierte Ärzte und vier Krankenschwestern, die den Klinikbetrieb aufrechterhielten. Während die Entbindungen bei den Familien zu Hause – nicht selten auf dem Küchentisch – vorgenommen wurden, besuchten die Frauen die Klinik nur für die Routinekontrollen im Laufe der Schwangerschaft.

Es machte Wolf Spaß, sein Organisationstalent, seine Entscheidungsfreude und seinen Willen, Menschen zu helfen, unter Beweis zu stellen. Jeden Tag, jede Nacht forderte die Arbeit in der Klinik seinen ganzen Einsatz. Nicht selten war die Arbeit auch für den Arzt gefährlich. ,,Ich hatte einmal einen Fall von eingeklemmter Nabelschnur, was häufig beim Geburtsakt vorkommt und den Herzschlag des Kindes für kurze Zeit stoppt. Als der schwarze Vater mein besorgtes, erregtes Gesicht bemerkte, zog er in seiner großen Aufregung ein Stilett aus seiner Tasche, gestikulierte damit wild in der Luft und schrie: "Dead Baby, dead doctor!" (totes Baby, toter Arzt). Die Geschichte hatte ein glückliches Ende. Ein anderesmal zog ein gorillaähnlicher schwarzer Riese einen Revolver vom Gürtel aus ähnlichem Grunde."

Pro Jahr hatte die Berwind Maternity Clinic über 2000 Entbindungen. Max Wolf hatte zwar ein gutes Einkommen, doch bald sah er ein, daß seine Tätigkeit zwar abwechslungsreich und spannend war, einem jungen und ambitionierten Arzt aber auf Dauer keine Entwicklungsmöglichkeit ließ. Wolf wollte am medizinischen Fortschritt teilhaben.

Hormonforschung:
Pionier und Bestseller

Aufgrund seiner Kontakte zu führenden Wissenschaftlern der New Yorker biomedizinischen Szene und deren Fürsprache erhielt Max Wolf nach der Promotion und Approbation das Angebot einer dotierten Fellowship der Rockefeller Foundation, die ihm den Weg in die Medizinforschung geebnet hätte. Max lehnte diese Offerte jedoch ab.

Sein Ehrgeiz, als Forscher Neuland zu entdecken, brachte ihn 1920 dazu, sich mit der Endokrinologie zu beschäftigen, „. . . einem völlig dunklen Zweig der Medizin in der damaligen Zeit." Wolf war fasziniert vom geheimnisvollen Wirken der Drüsen, die Form und Funktion der meisten menschlichen Organe beeinflussen. Die Forschung wußte damals noch wenig über die genauen Zusammenhänge und Interaktionen der Hormone.

Wolf beschloß, auf diesem Gebiet Pionierarbeit zu leisten. Als Mitglied des Lehrkörpers der Fordham Universität setzte er durch, daß Endokrinologie als selbständiges Fach gelehrt wurde. Im Labor unternahm er einmal folgendes Experiment: Er sperrt eine Katze in einen Käfig. Zu ihr setzt er einen Hund, der Katzen haßte. Die Katze wurde sehr erregt und wartete voller Furcht auf den Angriff des Hundes. Wolf entnahm der Katze ein wenig Blut und injizierte es einer anderen Katze. Obwohl dieses Tier keinen äußeren Anlaß hatte, sich zu fürchten, zeigte es schon nach kurzer Zeit die gleichen Angstsymptome wie die erste Katze.

Am 19. Februar 1919 graduierte Max zusammen mit Willy an der Fordham Universität zum Doktor der Medizin. Die beiden kamen überein, ein großes, grundlegendes Werk über die Endokrinologie zu verfassen, das den bisherigen

Kenntnisstand über dieses medizinische Gebiet zusammenfassen sollte. Willy, der als Arzt bei weitem nicht so eingespannt war wie sein Bruder, sollte den theoretischen Teil des Buches betreuen – also sämtliche Literatur über die Endokrinologie sammeln und zusammenfassen.

Max war für den Teil verantwortlich, der sich mit Fallbeispielen aus der Endokrinologie beschäftigte. „Da ich schon ein gutes Einkommen, er jedoch fast keines hatte, und da ich immer eine Aversion hatte, in die Öffentlichkeit zu treten und von Telefonanrufen und Briefen von Ärzten belästigt zu werden, sagte ich Willy, daß unser Buch nur unter seinem Namen erscheinen solle und alle Einnahmen vom Verkauf des Werkes ihm gehören. Wir unterzeichneten diese Vereinbarung."

Zwei Jahre arbeiteten die Brüder an dem Manuskript. Das Buch erschien 1921 unter dem Titel „Endokrinologie von Wolf". Es wurde ein unerwartet großer Erfolg. Schon nach zwei Jahren lag es in Übersetzungen vor. Die erste Auflage war schon bald vergriffen. Willy Wolf verdiente an diesem Buch so viel, daß er sich aus der medizinischen Praxis zurückzog und sich den Rest seines Lebens mit psychologischen und psychotherapeutischen Problemen beschäftigte.

„Da ich zu beschäftigt war, weitere Ausgaben zu bearbeiten, die völlig neu geschrieben werden mußten, um all die vielen neuen Theorien und Tatsachen auf diesem so schnell wachsenden Gebiet einzuschließen, und da meine Hauptinteressen in der Medizin bereits auf einem anderen Gebiete lagen, informierte ich Willy, daß ich keine weiteren Ausgaben des Buches zu schreiben wünsche. Er könne es tun, wenn er wolle. Er ließ die Sache aber fallen."

Praxis
Kein Wunderdoktor, ein guter Arzt

Der Bruder als Kompagnon

1919 war Max Wolf in der Hauptsache mit Vorträgen und dem Unterricht an der Universität beschäftigt. Auch arbeitete er noch immer für die ambulante Klinik und beschäftigte sich mit endokrinologischen Experimenten. Freizeit hatte er keine, doch er glaubte offenbar, sich noch mehr beschäftigen zu müssen. Während der Sommermonate gab er Kurse am Jesuitenkolleg. Er unterrichtete Nonnen und Priester, aber auch weltliche Lehramtskandidaten in den Fächern Biologie und Naturgeschichte.

Dabei war es für ihn gar nicht so einfach, seine Überzeugung über die Entwicklung des Menschen, die im Einklang war mit den Lehren vom Darwin, so zu formulieren, daß sie mit den Grundsätzen der katholischen Kirche übereinstimmten. So gab er in seinen Vorlesungen zu verstehen, daß es einerseits die von Darwin gelehrte Theorie gäbe, wie Lebewesen entstanden seien und sich immer höher entwickelt hätten bis hin zum Menschen, daß aber unabhängig davon die Möglichkeit bestehe, daß auch der liebe Gott in dieses Geschehen eingegriffen und dafür gesorgt hätte, daß die Evolution den richtigen Weg gehe.

Auch gab er Kurse am Adrena College, einer höheren

Schule für Mädchen. Er unterrichtete die 19- bis 24jährigen Schülerinnen in Kunstgeschichte. Doch auch diese diversen Nebentätigkeiten waren für Wolf noch nicht genug. Er eröffnete zusammen mit seinem Bruder Willy eine Privatpraxis im Juni 1919 in der „Lower Eastside" von Manhattan, einem Viertel, in dem kleine Kaufleute und schlecht bezahlte Arbeiter lebten.

In der 93. Straße Ost Ecke 2. Avenue hatten Max' Schwestern Charlotte und Melanie zusammen mit dem ältesten Bruder Felix eine gemeinsame Zahnarztpraxis. In den Hinterräumen etablierten Willy und Max ihre Praxis, die sie vor allem abends und am Wochenende betrieben. In dieser sogenannten Abendpraxis arbeiteten sie die nächsten vier Jahre lang. Max betätigte sich nicht nur als Internist, Gynäkologe und Geburtshelfer. Zusammen mit Willy unterhielt er auch eine ambulante Klinik für Hals-, Nasen- und Ohrenbehandlungen.

„Die technischen Tricks und viele verschiedene Probleme in dieser Spezialität interessierten mich." Insbesondere operierten die beiden bei Kindern und Erwachsenen die Mandeln, Adenome und entfernten die Nasensepta. Die Brüder behandelten an den Samstagen und Sonntagen bis zu 25 derartiger Fälle. Sie arbeiten geradezu im Akkord. Einer betätigte sich dabei als Anästhesist (mit Lachgas und Äther). Der andere schabte das Lymphgewebe der Adenosiden ab, entfernte mit Drahtschlinge und Messer die Mandeln. Sobald die Hälfte der Patienten operiert war, tauschten die Brüder die Rollen. Irgendwelche Hilfskräfte hatten sie nicht.

„Nach den Operationen ließen wir Kinder wie Erwachsene auf Liegestätten in einem kleinen Rastraum liegen, bis alle Blutungen aufhörten und keine weitere Gefahr erwartet wurde. Die Mutter erhielt einen Zettel mit gedruckten Anweisungen und nahm bald die Kinder wieder nach Hause, wo Eiscreme und Eiswasser die Schmerzen linderten. Einige erhielten Aspirin."

Aufgrund von Unstimmigkeiten mit den Geschwistern, insbesondere mit seinem Bruder Willy, begann Max 1922 – neben der Abendpraxis –, in der Westend-Avenue in Höhe der 89. Straße West eine allgemeinmedizinisch, internistisch und physiotherapeutisch ausgerichtete Tagespraxis aufzubauen.

Die Ursachen der familiären Zwistigkeiten hingen möglicherweise mit dem Tod des Vaters und der egoistischen Haltung des jüngsten Bruders bei der Versorgung der kränkelnden Mutter zusammen. Auch unterschiedliche Auffassungen über die Ausübung des Arztberufes sind nicht auszuschließen. Darüber hinaus glaubte Willy, der mit Hilfe des von Max weitgehend allein verfaßten Buches über Endokrinologie berühmt geworden war, über alle biologisch-medizinischen Fragen mitreden zu können.

Hinterzimmer als Klinik

Die Endokrinologie faszinierte den jungen Arzt und Forscher Max Wolf nach wie vor. Da er keine bereits etablierte Klinik fand, die es ihm ermöglicht hätte, in deren Räumen Patienten mit Drüsenkrankheiten zu behandeln, machte Wolf 1920 seine eigene „Drüsen-Klinik" auf – in den Räumen der Abendpraxis. Per Zeitungsanzeige gab er bekannt, daß in der 93. Straße eine Privatklinik für Endokrinologie eröffnet worden sei, die jedem Patienten eine unentgeltliche Diagnose und Therapie anbiete.

Wolf stellte eine Sammelbüchse in den Korridor seiner Praxis. Jeder Patient konnte selbst entscheiden, ob und wieviel ihm die Dienste des Drüsen-Spezialisten wert waren. Schließlich erweiterte Wolf dieses ungewöhnliche Honorarsystem, für ein Jahr lang, auf alle seine Patienten.

Zu Max Wolfs Patientinnen in der Abendpraxis zählte eine damals berühmte französische Schauspielerin, Irene Bordone. „Sie hatte eine ganze Anzahl von reichen Verehrern an der Hand." Die Bordone vermittelte die ersten High-Society-Patienten in die schäbige Praxis in der Lower Eastside. Immer häufiger suchten nun Mitglieder der feinen New Yorker Gesellschaft Hilfe bei Max Wolf. Die Wanamakers kamen ebenso wie die Munnes, Mellons, Warburgs oder Morgans. Später sollte Wolf die Praxis downtown wegen seiner neuen Klientel ganz aufgeben.

Hochzeit mit Hot dog

Unter der armen Klientel war ein Italiener, der einen reichen und angesehenen Verwandten hatte – den Organisten des Capitol-Theaters, Nino Manro-Cottone. 1922 operierte Max die Mandeln und Adenome der beiden Kinder des Musikers in dessen Villa in Brooklyn. Eines Tages erfuhr Wolf von Cottone, daß eine attraktive junge Pianistin aus Wien in New York angekommen sei. Der Musikdirektor des Capitol, Ernö Rapée, habe sie für sein Orchester engagiert. „Er überredete mich, sie zu besuchen und zu behandeln. Ich fand sie amüsant, ein typisches Wiener Mädel mit Humor namens Edith Bergée. Sie wurde meine Patientin. Später wurde sie meine Bürohilfe in meiner neuen Tagespraxis an der Westend Avenue, welche ich kurz zuvor eingerichtet hatte, um meine reiche Klientel richtig behandeln zu können, während ich meine Abendpraxis downtown fortsetzte. Einige Monate später heirateten Edith

58

und ich und blieben fünfzig Jahre lang verheiratet. Wir hatten keine Kinder."

Die beiden heirateten am 26. März 1924. Es regnete an diesem Tag. Vormittags war Max Wolf noch in der Praxis. Mit der Untergrundbahn fuhr das Brautpaar dann zum Rathaus, der City Hall. Bei Woolworth kaufte Wolf für zehn Cent einen Ring. Trauzeugen waren zwei angetrunkene Schwarze, die Wolf auf der Straße aufgegabelt hatte. Nach der Trauung ging es mit der Untergrundbahn wieder nach Hause – genauer: in die Praxis. Die Patienten warteten schon. Die Zeit reichte gerade noch für ein Hot dog, das die gerade Vermählten in einem Drugstore zu sich nahmen. Den ganzen Nachmittag arbeitete das Paar in der Praxis in der Westend Avenue. Den Abend verbrachte es in der Klinik downtown in der 93. Straße. Um 21 Uhr kehrten die beiden heim. Sie fielen ins Bett und schliefen „prompt" ein.

Der Hochzeitstag verlief prosaisch. Die Flitterwochen waren eine einzige Tragödie. Die etwas verspätete Hochzeitsreise führte im Juli 1926 quer durch Europa, nach London, Paris und Wien. Max und Edith stritten andauernd. Während einer Zugfahrt fiel ihr ein schweres Gepäckstück auf den Kopf. In Paris quetschte er ihren Daumen, als er eine Taxitür schließen wollte. „Sie war stets eifersüchtig, fühlte sich vernachlässigt, sagte, ich sei kein Gentleman und geizig. Alles, was ich tat, wurde kritisiert."

Die beiden beschlossen, die Reise getrennt fortzusetzen. Sie fuhr nach Venedig und er nach Wien. Dort traf er Nelly wieder. Doch nach einigen Wochen versöhnten sich die Eheleute Wolf wieder und kehrten gemeinsam nach New York zurück.

Im Distrikt Westchester, nahe der Stadt New Salem, etwa dreißig Kilometer nördlich von New York City, kauften sich die Wolfs in der Gemeinde Millwood einen gut 800.000 m^2 großen Landsitz. Max gestaltete ihn im Laufe der nächsten Jahre zusammen mit dem Verwalter Peter Marro und dessen Familie architektonisch und landschaftlich. Hier realisierte er in den nächsten zwanzig Jahren seine Palitzer Jugendträume. Gleichzeitig nutzte er das Anwesen als eine Art Sanatorium für Freunde, die aufgrund ihrer beruflichen Anspannung Abstand von der Großstadt benötigten.

Am 25. Oktober 1929, dem Schwarzen Freitag an der New Yorker Börse, verloren die Wolfs ihr gesamtes in Wertpapieren angelegtes Geld und hatten obendrein noch mehrere 10.000 Dollar Schulden bei ihrem Börsenmakler. Doch die Frohnatur Max Wolf erschütterte das wenig. Anstatt in Hektik zu verfallen und zu verzagen, ging er noch am selben Abend mit seiner Frau ins Kino, um sich einen Charlie-Chaplin-Film anzusehen.

Lehrjahre in Europa

Wolf wußte, daß er beruflich neue Wege gehen mußte, sollte sein Karriere als Arzt nicht in einer Sackgasse enden. Er wußte, daß er wegen seiner verkürzten Ausbildung (ihm fehlten zwei Jahre als Internist im Krankenhaus) zu wenig praktische Erfahrungen in allgemeiner Medizin hatte. Er befürchtete, daß er deswegen das Vertrauen seiner Patienten auf Dauer nicht rechtfertigen konnte.

Wolf wollte medizinische Kompetenz nicht nur behaupten und vortäuschen. Er beschloß, sich diese Kompetenz nachträglich anzueignen. In den nächsten Jahren reiste er regelmäßig nach Europa, um an dortigen Kliniken Kurse für Post-Graduierte zu belegen. Insbesondere war Wolf begierig, mehr über den Stand der Wissenschaft im Bereich der Krebsforschung und der Endokrinologie zu erfahren.

Führend auf dem Gebiet der Hormonforschung waren zu diesem Zeitpunkt die Professoren Bauer und Holzknecht in Wien. Wolf lernte beide Forscher kennen, schloß im Laufe der Zeit mit beiden Freundschaft und begleitete sie zeitweise bei ihrer Arbeit in der Klinik. Bei Holzknecht, dem Begründer der Röntgentherapie, promovierte Wolf. Holzknecht, der Wolf als Gastassistent in seiner Klinik aufnahm, war davon überzeugt, daß schon geringe Dosen von hart ionisierenden Strahlen endokrine Drüsen zu höherer Funktion anregen, daß sich damit Entzündungen kurieren lassen und daß große Strahlendosen Krebsgewebe vernichten können.

Holzknecht war der Erfinder der ersten Instrumente, mit denen Strahlendosen genau zu messen sind. Er wußte jedoch nicht, daß Strahlen im Körper kumulativ wirken, daß die Summe von tausend kleinsten Strahlendosen Krebs auslösen kann. Wie alle Röntgenärzte seiner Zeit bestimmte auch Holzknecht die Intensität der Strahlung, indem er die eigene Hand vor einem fluoreszierenden Spiegel den Strahlen aussetzte. Später entstand auf seiner Hand ein Tumor. Metastasen verbreiteten sich im ganzen Körper und Holzknecht starb, wie auch viele seiner Assistenten, einen qualvollen Tod.

Jedes Jahr reiste Wolf für etwa drei Monate nach Europa, um hier allen möglichen Ärzten und Forschern bei der Arbeit über die Schulter zu schauen. Dies machte den jungen Arzt mit medizinischen Techniken vertraut, die in Amerika noch nicht verbreitet waren. Dieser „Wissensvorsprung" Wolfs und seine Bereitschaft, neue Therapien einzuführen, erklären zum Teil die Aura des Wunderheilers, die Wolf für die Amerikaner immer mehr entwickelte.

Noch wichtiger als die Zusammenarbeit mit Holzknecht

war für Wolf 1932 die Begegnung mit Ernst Freund, dem Direktor der Krebsstation des Rudolfina-Spitals in Wien. Freund war damals einer der wichtigsten Forscher auf dem Gebiet der Diagnose und Therapie von Krebs. Er arbeitete an einer Anti-Krebs-Diät.

Freund hatte bei Menschen, die an Krebs erkrankt waren, mehr säureresistente Colibakterien im Stuhl gefunden. Diese Bakterien wuchsen in angesäuerten Kulturböden weiter, während die Colibakterien von gesunden Menschen in der gleichen sauren Nährlösung inaktiviert wurden. Freund und seine Assistentin Kaminer hatten im Tierexperiment nachgewiesen, daß diese säureresistenten Bakterien selbst keinen Krebs auslösen. Die beiden Forscher hatten im Stuhl von Krebskranken auch eine spezielle Fettsäure entdeckt.

Nach Freund sollte ein Krebspatient alle jene Nahrungsmittel meiden, die „gesättigte Fette" enthalten oder verursachen. Erlaubt war eine Nahrung, die reich an ungesättigten Fettsäuren ist. Diese Theorie hat sich heute - nach sechzig Jahren - als richtig erwiesen.

Im Serum von Menschen und Tieren, die keinen Krebs hatten, fanden Freund und Kaminer eine Substanz, die in der Lage war, Krebszellen aufzulösen. Bei Krebspatienten ist dieser Stoff, von Freund „Normalsubstanz" genannt, nicht im Serum vorhanden. Im Gegenteil: In deren Serum findet sich ein Stoff, der die Normalsubstanz sogar neutralisiert.

Das Forscherteam entwickelte eine Art Krebsdiagnose, die seitdem als Freund-Kaminer-Reaktion bekannt ist. Dabei wird eine Emulsion frisch operierter Krebszellen auf eine Glasplatte gestrichen. Die Krebszellen werden gezählt. Das Serum der Testperson wird der Emulsion beigemischt. Nach sechs bis zwölf Stunden werden die Krebszellen erneut gezählt. Wenn es nicht weniger geworden sind, besteht eine gewisse Wahrscheinlichkeit, daß die Testperson an Krebs erkrankt ist.

Freund versuchte, diesen Stoff, der Krebszellen aus dem Serum gesunder Menschen auflöste, zu isolieren und seinen Krebspatienten zu verabreichen, um den Tumor in seinem Wachstum zu hemmen oder zur Remission zu bringen. Viele Patienten, die als unheilbar krank in seine Klinik kamen, konnten das Krankenhaus tatsächlich symptom- und beschwerdefrei verlassen.

Max Wolf machte Freund mit einem reichen Amerikaner, einem Mr. Paerson aus Boston, bekannt. Paerson finanzierte für Freund die Gründung eines Krebsforschungsinstituts, des Pearson-Instituts, in der Lazarettgasse in Wien. Dort besuchte Wolf in den nächsten Jahren Freund regelmäßig. Freund organisierte dann immer ein Treffen mit 50 bis 80 der seit längerem behandelten Krebskranken. „So konnte ich jährlich dieselben Kranken sehen und den Fortschritt der Erkrankung kontrollieren. Ich war überrascht, daß die meisten Tumore von Jahr zu Jahr unverändert blieben. Manche wurden sogar deutlich kleiner, drei trockneten völlig ab. Nur wenige Patienten starben. Dagegen starben viele Krebskranke, die sich nicht an die Freundsche Behandlung hielten." Aus heutiger Sicht handelt es sich bei der von Freund gefunden Substanz, die Krebs auflösen konnte, um Urokinase – ein Enzym, das heute breiteste Anwendung in der Therapie von Krankheiten und insbesondere der Thrombolyse (der Auflösung von Blutgerinnseln) erfährt.

1937 verhafteten und enteigneten die Nationalsozialisten Freund und seine Assistentin Kaminer. Wolf verhalf beiden zur Flucht nach England, wo das Forscherpaar bald darauf starb.

Neben Holzknecht und Freund lernte Wolf in Europa eine

Reihe anderer prominenter Mediziner und deren spezielle Diagnose- und Therapietechniken kennen. Dazu zählte Professor Nobel, ein führender Dermatologe in Wien. „Ich erhielt von ihm ausgezeichnete Instruktionen in Physiotherapie, vor allem in Diathermie, in der Behandlung mit Kurzwellen und Ultrakurzwellen, statischer Elektrizität, mit Infrarot, Ultrasonik, Iontophorese und Buckystrahlen. Diese Behandlungsmethoden brachte ich über viele Jahre in meine Praxis erfolgreich ein."

Wolf interessierte sich besonders für die Geriatrie. Er wollte nicht nur wissen, wie man die Krankheiten alter Menschen behandelt – er wollte vor allem nach Möglichkeiten suchen, das Alter als solches zu vermeiden oder zu verzögern. Wäre es möglich, die biologische Uhr anzuhalten, vielleicht sogar zurückzudrehen? Wäre es möglich, einen Menschen zu verjüngen?

Wolf suchte in Europa auch Kontakt mit den wichtigsten Rejuvenatoren, den Verjüngungsärzten. Sie verwendeten zum Teil seltsame Kuren wie Organverpflanzungen und Verjüngungsspritzen. 1926 lernte Wolf Voronoff kennen. Voronoff glaubte an die verjüngende Kraft von Affenhoden, die er seinen Patienten implantierte. Wolf verbrachte eine Zeitlang mit ihm im Wiener Hotel Imperial. „Voronoff war ein knochiger, ausgemergelter Don-Quixote-Typ, stets in Spannung und gesprächig. Er hatte jedoch wenig medizinische Kenntnisse und geringen therapeutischen Erfolg." In Frankreich zeigte Voronoff ihm seine Schimpansenmenagerie und weihte ihn ein in seine Implantationstechnik. In Wien kam Wolf auch mit Eugen Steinach zusammen, der glaubte, daß die Sterilisation einem Mann zu neuer Potenz verhelfe und ihn um Jahre verjünge. Er zählte zu den umstrittensten Figuren unter den Verjüngungsexperten. „Er war ein mißtrauischer, humorloser

Charakter, jedoch gut und würdig aussehend mit langem, schwarzen, gepflegten Bart, Herz ähnelnd. Er war introvertiert, eitel und unnahbar."

Vergeblich versuchte Wolf, sowohl Vornoff als auch Steinach davon zu überzeugen, daß ihre „Verjüngungstechniken" in Wahrheit nutzlos, wenn nicht sogar gesundheitsschädlich waren. Im Falle Voronoffs behielt Wolf auf tragische Weise recht. Viele Patienten, denen der Russe Affendrüsen implantiert hatte, wurden durch das tierische Organ mit Syphilis infiziert.

Die meisten der Begegnungen Wolfs mit europäischen Ärzten und Forschern fanden nach dem Kriege statt. Die wohl bedeutendste Begegnung war die mit Prof. Paul Niehans in Vevey. Paul Niehans, ein Enkel von Kaiser Wilhelm I, war Chirurg, im wesentlichen Militärchirurg, vor allem im serbisch-kroatischen Krieg. Er hatte dort in seiner Tätigkeit als Lazarettarzt viel gelernt über Organtransplantation und über die Beschwerden schwerverwundeter Soldaten. Er hatte herausgefunden, wahrscheinlich mehr oder weniger per Zufall, daß man bei Patienten mit Schilddrüsendefekt durch die Implantation mit tierischem Schilddrüsengewebe eine Normalisierung der Schilddrüsentätigkeit erzielen konnte – mit der Folge, daß die Beschwerden der Schilddrüsen-Mangelsituation verschwunden waren. Diese Beobachtung führte dazu, daß Niehans systematisch die Entwicklung der Implantation fötaler endokriner Gewebe entwickelte, beispielsweise die fötalen Hypophysenextrakte, Sexualdrüsen, auch die Bauchspeicheldrüsen bei Diabetikern, Schilddrüsen und vieles mehr. Aus dieser Beobachtung von Niehans wurde eine von vielen tausend Ärzten praktizierte Frischzelltherapie.

Es gab auch die Entwicklung der Zelltherapie bei Mongolismus, an der insbesondere Professor Haubold, der frühere

Eigentümer der Firma Mucos, und Professor Schmid, ein bedeutender Kinderarzt in Aschaffenburg, gearbeitet haben. Sie haben festgestellt, daß man durch die Übertragung solcher Zellpräparate, hier kommt es vor allem auf die Thymuspräparate an, eine Verbesserung der gesundheitlichen Situation mongoloider Kinder erzielen kann.

Max Wolf besuchte Niehans in Vevey mit seiner Frau zunächst als Patient. Er ließ sich die Niehans'schen Zellpräparate selbst in den Gesäßmuskel spritzen. Er war, was seine eigene Situation angeht, nicht besonders von der Wirkung dieser Präparate überzeugt. Er brachte diese Behandlung jedoch in die USA und wandte sie bei vielen seiner prominenten Patienten an, worüber in einem späteren Kapitel detailliert berichtet werden soll.

Max Wolf erzählte Niehans von seinen Forschungen mit den proteolytischen Enzymen. Niehans war sehr interessiert an dieser Entwicklung und verwandte auch Wolfs Enzymgemische bei vielen seiner Patienten. Es trug dazu bei, daß die Schwellungen nach der Implantation der Zellen im Gesäßmuskel deutlich geringer ausfielen und die Verträglichkeit der Zelltherapie insgesamt verbessert war.

Beide waren auch der Meinung, daß die kombinierte Verabreichung von Zellen und Enzymen einen deutlich besseren Erfolg erbringen würde als die Zellbehandlung alleine. Zu einem späteren Zeitpunkt, etwa 1970, war Wolf allerdings davon überzeugt, daß der Haupteffekt bei den meisten seiner Patienten von seiner Enzymtherapie stammte und nicht so sehr durch die Zelltherapie verursacht wurde, die er dann immer weniger benutzte und am Ende völlig aufgab. Die Zelltherapie wurde etwa 1987 in Deutschland und auch in vielen anderen Ländern Europas verboten, wahrscheinlich aufgrund des Risikos anaphylaktischer Reaktionen.

Fluchthelfer

Es war nicht nur Wolf, der von den Ärzten und Forschern in Europa profitierte. Vielen jüdischen Wissenschaftlern, die von den Nazis verfolgt wurden, rettete Wolf das Leben. In den dreißiger Jahren hatte sich seine Praxis in New York enorm entwickelt. Er hatte täglich bis zu dreißig Patienten, beschäftigte zwei Krankenschwestern, die für bestimmte Routinebehandlungen, zum Beispiel Physiotherapie, zur Verfügung standen.

Wolf verdiente bereits genug, um sich ein Landgut bei New York zu kaufen. Seine finanziellen Möglichkeiten nutzte er, um jüdischen Ärzten in Österreich, die sich nach dem Einmarsch der Nazis nicht mehr sicher fühlten, zur Ausreise zu verhelfen. Er unterschrieb über fünfzig sogenannte ,,Garantie-Zertifikate", also Bürgschaften, und deponierte auch die entsprechenden Gelder, um den bedrängten Wissenschaftlern die Einreise in die USA zu ermöglichen.

Die wenigsten dieser Flüchtlinge kannte Wolf persönlich, aber sein Name und seine Adresse wurden offenbar in jüdischen Kreisen in Europa als mögliche Anlaufstelle weitergegeben. Neben Familien, die Wolf persönlich kannte, holte Wolf 26 Ärzte aus Wien heraus. Sie fuhren zunächst nach Portugal und von dort in die Vereinigten Staaten. ,,Wir bezahlten ihre Ausgaben und ihre Überfahrt. Nach ihrer Ankunft in New York quartierten wir sie für fünf bis zehn Tage auf unserem Landgut in Millwood ein. Dann veranlaßte ich die HIAS oder andere jüdische Hilfsorganisationen, für sie weiter zu sorgen. Die meisten von diesen immigrierten Ärzten machten später einfache Staatsprüfungen und etablierten sich und ihre Familien in den östlichen Staaten Amerikas."

Keiner dieser Ärzte ließ sich nach der geglückten Einwanderung bei Wolf wieder blicken. Keine Karte, kein Kontakt, kein Dank. Wolf kümmerte es nicht. Er hatte geholfen, weil er es für nötig erachtete – nicht, weil er irgendeine Dankbarkeit provozieren wollte. Auch nicht bei den Familien, die er noch von seiner Jugendzeit in Wien kannte.

So verhalf er der Familie seine Zöglings Hans Lederer zur Ausreise nach London. Sein anderer Zögling, Paul Sorer, kam mit Wolfs Hilfe ebenso wie seine ehemalige Freundin Nelly mit Mann und Kind nach New York. Nellys Sohn Paul, dem Max in Wien eine Musikausbildung ermöglicht hatte, erwarb seinen Doktortitel in Musik, lehrte dann als Professor an der Columbus-Universität in Ohio. Professor Freund und dessen Assistentin Kaminer brachte Wolf, wie erwähnt, nach London.

Die oberen Zehntausend im Wartezimmer

Doch zurück zu Wolfs Praxis in New York. Wie bereits erwähnt, hatte Wolf 1922 seine „Tagespraxis" in der Westend Avenue eröffnet, um seine wohlhabendere Klientel in einem ansprechenderen Ambiente behandeln zu können als es das Hinterzimmer der Zahnarztpraxis seiner Geschwister bot. Doch Wolf behielt zunächst die alten Räume downtown, um ein paarmal in der Woche am Abend für die ärmere Klientel zur Verfügung zu stehen.

Die ersten Tage kam nicht ein Patient in die Praxis in der Westend Avenue, dann aber verirrte sich eine Gelegenheitsschauspielerin, Laura Burt, in Wolfs Praxis. Sie handelte für ihre mehr oder weniger mittellosen Schauspielerkollegen eine Art Behandlungsrabatt aus: zehn Untersuchungen für 40 Dollar. Von jetzt an war die Praxis voll.

Schon bald kamen nicht nur die drittklassigen Schauspieler, sondern auch die Stars von der Bühne, vom Kino und Fernsehen. Und mit den Stars kamen deren Bekannte – die Reichen, die Mächtigen. In ein paar Jahren war Wolf der Geheimtip für die wichtigsten und einflußreichsten Familien der USA. Sie pilgerten von Washington und Hollywood nach New York, um sich von Max Wolf helfen zu lassen, der mit seinen ungewöhnlichen Therapiemethoden oft erstaunliche Heilungserfolge erzielte. In den dreißiger und vierziger Jahren wurde er zusehends zum absoluten Wunderdoktor der USA.

Schon nach kurzer Zeit war klar, daß den wirklich reichen Patienten die Adresse der Wolfschen Praxis nicht fein genug war. Vielen war es einfach unangenehm, von ihren Appartments in der noblen Upper Eastside den weiten Weg durch den Zentralpark zur Westside zu machen, um dort ihren Arzt aufzusuchen. Sie drängten Wolf, seine Praxis in ihr New York, in die Eastside, zu verlegen.

Edith und Max Wolf ließen sich überreden. Max gab seiner Frau den Auftrag, in der Eastside, in der besten Lage, eine Wohnung, wenn möglich ein ganzes Haus zu suchen. Edith durchwanderte das ganze Viertel – von der 50. bis zur 80. Straße. In der 79. Straße, direkt neben dem Eckhaus zur Park-Avenue, fand sie ein herrschaftliches fünfstöckiges Brownstongebäude, von dem sie auf den ersten Blick wußte, daß sie es wollte.

„Sie erinnerte sich an den Rat ihres Vaters, man solle womöglich nahe der Straßenecke wohnen. Sie klingelte und stellte sich dem bejahrten Besitzer, einem Mr. Herrman, vor und sagte, daß gerade dieses Haus ihren Träumen entspräche, und daß sie es ihm abkaufen wolle." Eigentlich war es den Herrmans während der letzten vierzig Jahre nicht in den Sinn

Max Wolfs Haus in
der 79. Straße in
New York, in der
Nähe des Central
Park – von 1924 bis
1969 Wolfs Heim
und Praxis.

gekommen, ihr Haus zu verkaufen. Doch Edith half nach. Sie freundete sich in den nächsten Wochen mit dem Ehepaar an, erfuhr, daß Mr. Herrman an Bluthochdruck und Diabetes litt, daß seine Frau Arthritis hatte.

Frau Wolf überzeugte die beiden, daß ein altes Stiegenhaus, reparaturanfällig und unpraktisch, auf die Dauer nur Sorgen bereite, daß der Lebensabend nur in einem exklusiven Alterheim wirklich genossen werden könne. 1924 kauften die Wolfs das Haus in der 79. Straße Ost für 72.500 Dollar. Im Kaufpreis inbegriffen waren die antiken Möbel im viktoriani-

70

schen Stil, die große Bibliothek und die herrliche Wandbemalung mit Rokokoszenerien.

Zusätzliches Mobiliar stifteten viele von Wolfs Patienten. Die reiche New Yorkerin E. F. Hutton spendete sogar einen Aufzug. Auf das Dach bauten die Wolfs 1925 ein Penthouse. Die nächsten Jahre schlief das Ehepaar während des Sommers im Freien auf dem Dach.

Dieses Haus, 1845 erbaut, war bis 1969 das Heim und die Praxis von Max Wolf. Das für ihn bitterste Erlebnis war der von einem entlassenen Hausangestellten im Jahre 1940 gelegte Brand, dem das ganze Anwesen, das gesamte Mobiliar sowie nahezu alle Forschungsunterlagen zum Opfer fielen. Mit Hilfe verständnisvoller und hilfsbereiter Patienten aus einflußreichen Familien gelang es ihm jedoch, das Haus innerhalb von drei Monaten wiederherzustellen.

1969 zogen die Wolfs in den siebten Stock eines Neubaus im Central Park South. 1973 verließen sie New York und zogen in den Vorort White Plains. Das ehrwürdige Brownstongebäude aber, über 40 Jahre die medizinische Topadresse der Amerikanischen High Society, wurde abgerissen und ist einem Hochhaus gewichen.

Was war Wolfs Erfolgsgeheimnis? Was machte ihn zum New Yorker Wunderdoktor? Wolfs eigene Erklärung: ,,Ich hatte Glück mit mehreren schweren, hoffnungslos aussehenden Patienten. Dies sprach sich herum und verursachte das Image eines Wunderdoktors, zumal meine Behandlung oft ganz verschieden von der des Durchschnittsarztes war. Zudem gebrauchte ich auch einige Behandlungsarten, die ich in Europa gelernt hatte und die in den USA wenig bekannt waren."

Wolfs Erklärung in eigener Sache ist sicher zutreffend, doch die Geschichte seiner steilen Karriere beginnt ganz konkret mit einer Anzeige in der New York Times. Seine Frau Edith hatte, ohne ihren Mann zu informieren, folgenden Text in der Zeitung veröffentlichen lassen: „Gegen 1000 Dollar Honorar garantieren wir Ihnen und Ihrer Familie Gesundheit für ein Jahr." Warum sie das tat? Möglicherweise hatten sich die Wolfs beim Kauf ihres Hauses finanziell einigermaßen übernommen, und die geschäftstüchtige Edith dachte, durch ihre ungewöhnliche PR-Aktion die Aufmerksamkeit der reichen New Yorker erregen zu können. Tatsächlich erreichte sie ihr Ziel.

Doch nicht nur die potentiellen Patienten aus der Upper Class, sondern auch die amerikanischen Ärzte lasen die New York Times. Und sie waren entsetzt über die Marktschreierei ihres Kollegen. Wolf mußte sofort seine Professur in Fordham abgeben. Auf diese Weise aus der wissenschaftlichen Gemeinde herauskatapultiert, schmiß Wolf alles hin. Enttäuscht von seiner Frau und seinen Kollegen, die ihm nicht glauben wollten, daß er von der Anzeige nichts gewußt hatte, verließ er Amerika und fuhr mit dem Schiff zurück nach Europa. Von der Ehe und vom Arztsein hatte er erst einmal genug. In Wien bezog er seine alte Wohnung und beschloß, sich wieder als Kunstmaler zu betätigen. Doch Edith blieb ihm auf den Fersen. Sie folgte ihm nach Wien, sagte ihm: „Maxl, so geht das nicht. Man kann nicht einfach davonlaufen." Sie holte ihn nach New York zurück. Wolf entschloß sich, um seine Reputation zu kämpfen. Tatsächlich: Er erhielt seinen Titel und seinen Job in Fordham wieder. Was von der ganzen Affäre blieb? Nun, genau das, was Edith hatte erreichen wollen. Die reichen New Yorker waren aufmerksam geworden auf den Arzt am Central Park. „Diese Anzeige hat mir die Bekanntschaft mit vielen interessanten Leuten gebracht, die mir als Klientel über die Jahre erhalten geblieben sind."

Wolf hatte immer wieder betont, der eigentliche Arzt sei die Natur selber. Der Kranke, so Wolf, heile sich quasi selbst. Der Doktor könne im besten Fall nichts anderes tun, als die Selbstheilungskräfte seines Patienten anzuregen.

Daß der Kranke gesunde, so Wolfs Credo, sei meist nicht das Verdienst des Doktors. Dieser unterstütze den Heilungsprozeß, könne ihn aber nicht einleiten. „Es ist eine merkwürdige, doch bekannte Tatsache, daß die meisten kranken Leute ihren Arzt aufsuchen, nachdem der Höhepunkt, das Ärgste der akuten Erkrankung schon vorüber ist – z.B. bei einer Lungenentzündung nach der Krise, nach Magengeschwüren, Verwundungen, Infarkten. Wenn nun der Patient in seiner Furcht, seinem Schmerz, seiner Panik oder Hoffnungslosigkeit sich an den "Retter in der Not" wendet, hat die Homöostase, der Heilungsprozeß, gewöhnlich schon begonnen und schreitet naturgemäß fort zur vollen Genesung, ganz egal was für Pillen der Arzt verschreibt."

„Dabei hilft noch bedeutend das psychosomatische Vertrauen in den Helfer, der die Krankheit versteht und zu bekämpfen weiß. Der durch "seinen" Erfolg stolze aufgeblasene Arzt sollte wissen, daß die durchschnittliche, akute Krankheit bestimmte Stadien des Enzündungsprozesses durchläuft, die auch ohne jede Behandlung heilen, wenn man ihnen Gelegenheit dazu gibt und sich vom Arzt fern hält. Natur heilt, der Heiler schaut zu. Ein altes englisches Sprichwort lautet: Der Letzte macht die Tür zu. Der Letzte ist der Lebensretter, die früheren haben das Nachsehen. Er erfreut sich des Erfolgs, den er der Mutter Natur stiehlt."

Wie dem auch sei, fest steht, daß Wolf überraschend oft derjenige war, der die Tür zumachte. Die Liste seiner prominenten Patienten, seiner spektakulärsten Heilungserfolge ist lang. Eine Auswahl soll hier vorgestellt werden.

Berühmte Patienten

Es waren sehr viele Schauspieler, die seit den zwanziger Jahren zu Wolf kamen. Etwa die Barrimores, eine Familie, die hauptsächlich als Shakespearemimen in England und den Vereinigten Staaten erfolgreich waren. John und Ethel Barrimore etwa. Von beiden war bekannt, daß sie Alkoholiker waren.

Es kam vor, daß die beiden auf der Bühne ihren Text vergaßen, oder aber die Vorstellung mußte abgesagt werden, weil John oder Ethel gerade im Vollrausch waren. Beide suchten Hilfe bei Max Wolf. Diesem gelang es, die beiden regelmäßig zu hypnotisieren, um ihnen in Trance den Griff zur Flasche zu verbieten.

Zu Wolfs Patientinnen zählte auch Dorothy Taylor. Die Frau des italienischen Grafen Frasso war eine Femme fatale der New Yorker High Society. ,,Dorothy war wild und ungezügelt, zugleich bewundert und gefürchtet in der oberen Gesellschaft in den Staaten und Europa. Sie hatte viele Feinde und enthusiastische Anhänger. Ihre Lieblingsgesellschaft waren die Hollywoodstars, die Lichtspielproduzenten und Theatermagnaten. Es war auch bekannt, daß sie mit berüchtigten Personen der Unterwelt, wie Siegel und anderen verdächtigen Typen aus den Prohibitionsjahren, in steter Verbindung war." Die Bekanntschaft mit dieser Frau war für Wolf besonders wichtig, da Dorothy Taylor auch ihre Bekannten aus dem Showbusiness zu Wolf schickte.

Mit Suggestion behandelte Wolf auch die Trunksucht der Schauspielerin Mayorie Rambean. Ihrem Arzt erzählte sie, daß weder sie selbst noch ihre Mutter wüßten, wer ihr Vater sei. Ihre Mutter habe sich einfach nach einem Kind gesehnt, wollte aber unbedingt einer festen Beziehung mit einem Mann aus dem Wege gehen. Also habe sie sich einen Betrunkenen aus einer Kneipe geangelt, habe mit ihm geschlafen und ihn danach nie wieder gesehen. Bei Mayories Geburt war sie gestorben.

Regelmäßig kam auch die Schauspielerin Mary Piekford in Wolfs Praxis. Stets war sie darauf bedacht, daß kein Dritter ihren Besuch bemerkte. Piekford, der „Liebling Amerikas", war Christian Scientist. Ihr Glaube verbot ihr die Inanspruchnahme ärztlicher Hilfe. Für die Christian Scientists war der Mensch, als Ebenbild Gottes, perfekt und deswegen frei von jeder Krankheit. Jegliches Gebrechen konnte also nur der Einbildung des Patienten entspringen und war nur durch Beten zu vertreiben. Offenbar vertrieb aber Beten allein nicht die Verdauungsstörungen der Piekford.

Als Hypochonder und temperamentlosen Introvertierten beschrieb Wolf seinen Patienten Rudolfo Valentino, das Idol der Stummfilmära. Einen besonderen Eindruck bei Wolf hinterließ auch Charlie Chaplin. Von Marilyn Monroe hielt er wenig. „Sie war im Privatleben einfach eine unsichere Introvertierte, hatte wenig Bildung und Interessen, war in Konversationen befangen und schweigsam. Vielleicht, um ihre beschränkte Bildung nicht zu zeigen. Sie wußte: Ihr Körper war ihr Hauptreiz." Von Gloria Swanson war Wolf dagegen begeistert. Sie war intellektuell, witzig und interessiert.

Es war nun nicht so, daß der Arzt Max Wolf über die Hollywoodstars seine Urteile fällte, weil er bevorzugt mit ihnen plauderte, anstatt sie zu behandeln. Wolf war einfach immer mehr in der High Society zu Hause. Er und seine Frau – insbesondere seine Frau, die sich glänzend auf die Pflege des sozialen Kapitals verstand - gaben regelmäßig Parties in ihrem Haus, die langsam zum festen Bestandteil der New Yorker Gesellschaft wurden.

Max Wolfs Haus in Millwood im Staat New York, das er im Stil einer österreichischen Almhütte bauen ließ.

Wenn das Ehepaar Wolf am Wochenende auf den Landsitz nach Millwood fuhr, lud es sich ausgewählte Bekannte der Society ein. ,,Unser Chauffeur brachte die Gäste von New York meist Samstag früh und fuhr sie Sonntag abend zurück.'' Stammgast in Millwood war Greta Garbo. Die legendäre Schauspielerin, für viele Millionen begeisterte Fans das Sinnbild einer mysteriösen und sinnlichen Frau, hatte sich nach nur wenigen Filmen vollkommen zurückgezogen.

Sie verweigerte jegliche neue Rolle, war nur schwer mit ihr unbekannten Leuten in Kontakt zu bringen und lebte zurückgezogen und einsam in einer kleinen Wohnung am East River in New York. Zu ihren wenigen wirklich guten Bekannten zählten, neben ihrem ständigen Begleiter Gaylord Hauser, auch die Wolfs. Die Wochenenden in Millwood benutzte sie, um in den Fichtenwäldern, die Max in seinem Anwesen gepflanzt hatte, alleine spazierenzugehen. „Es war ein Vergnügen zu beobachten, wie ihre schlanke Form, wie die einer Gazelle, unermüdlich über Stock und Stein hüpfte. In der Konversation war sie meist einsilbig. Sie sprach gerne über mysteriöse Dinge, über Zen oder Buddhismus."

Auch Max Wolf gelang es nicht, die Garbo zu einer neuen Rolle zu überreden. Eines Abends hatte er neben Greta Garbo auch seinen langjährigen Patienten und Freund William Somerset Maugham zu Besuch in Millwood. Maugham erzählte von seiner Idee, ein Drama über die französische Freiheitskämpferin Jeanne d'Arc zu schreiben. Die Gesellschaft war von seiner Schilderung fasziniert. Auch Greta Garbo ließ sich mitreißen und willigte spontan ein, die Rolle der Jeanne zu übernehmen.

Die Sensation schien perfekt. Die Garbo, die auch die lukrativsten Angebote aus Hollywood abgelehnt hatte, die von Filmmagnaten angefleht worden war, sich wieder dem Kinopublikum zu zeigen, wollte zur Schauspielerei zurückkehren. Maugham plante, schon am nächsten Morgen eine grobe Gliederung der Akte und Szenenfolge festzulegen. „Auch Greta schien voll von glücklicher Erregung über diesen Vorschlag. Jedoch in der Früh des nächsten Tages kam sie deprimiert zu mir, ich solle Willy sofort anrufen, daß sie sich während der Nacht die Dinge überlegt habe; sie könne sich unmöglich dazu entschließen, ein neues Spiel zu beginnen." So platzte das Comeback der großen Filmdiva Greta Garbo.

Schon zu Lebzeiten eine Legende war Gary Cooper. Er hatte ein Gallenleiden und auch Gallensteine. Trotz großer Schmerzen weigerte er sich, die Steine entfernen zu lassen. Der Held unzähliger Westernfilme, der Inbegriff des starken

Mannes, der im unvergessenen Film „High Noon" den an-
kommenden Gangstern, die ihn töten wollten, mutig die Stirn
bot, hatte eine Heidenangst vor der Operation. Die Krankheit
wurde mit der Zeit immer schlimmer. Es entwickelte sich ein
maligner Tumor. Max Wolf schickte seine Enzympräparate zu
Cooper, damit der Krebs wenigstens am Wachsen gehindert
werde und die Schmerzen verringert würden. Doch die Ärzte
in Hollywood lehnten eine Enzymbehandlung ab. Gary
Cooper erlag dem Krebs.

Als Schmerzmittel wirkte die Wolfsche Enzymbehandlung bei Lionel Barrimore, einem Mitglied der bereits oben
erwähnten „Shakespearefamilie". Lionel litt an einer atrophi-
schen Hüftarthrose. Er konnte nur im Rollstuhl sitzend spielen. Ganz Amerika war seine Stimme bekannt, da er jedes Jahr
an Weihnachten im Radio und Fernsehen einen Text von
Charles Dickens rezitierte: „A christmas poem in prose."

Zu den überragenden Stars der Bühne und Leinwand zählte Julie Andrews. Eines Tages verlangte sie von Max Wolf,
daß er ihr die Tonsillen und Adenoiden entferne. Sie wollte
in Operetten mitsingen, und irgendjemand mußte ihr erzählt
haben, daß sie eine hervorragende Singstimme habe – wenn
man ihr nur alle vorstehenden lymphatischen Gewebe im
Rachen entferne.

Max Wolf untersuchte sie. In puncto Singstimme und der
dazu nötigen Formation der Schädelknochen, der Nebenhöhle
und der Größe des Mundes kannte er sich sehr gut aus, da er,
quasi im Nebenberuf, der Leibarzt der Metropolitan Opera in
New York war. Vergeblich versuchte er, die Andrews davon
zu überzeugen, daß ihre physiologischen Voraussetzungen
einer Gesangskarriere ziemlich im Wege standen. Sie blieb
bei ihrem Entschluß. Wolf entfernte ihr also das lymphatische
Gewebe einschließlich der Mandeln und machte sogar eine

Resektion ihres leicht gekrümmten Nasenseptums. „Ich glaube, ihre Ambitionen, eine Sängerin zu werden, waren nicht besonders erfolgreich. Doch ihre Erfolge auf der Bühne, bei Radio und Fernsehen waren unvergleichlich."

Wolf behandelte noch etliche berühmte Schauspieler. Viele sind heute in Vergessenheit geraten, doch einige sind wohl zu unsterblichen Leinwandgöttern geworden: Cliffton Webb, Ina Claire, Franchot Tone, Gloria de Haven, Joe Brown, Bette Davis, Sophie Tucker, Masion Davies, Kay Francis, Spencer Tracy, die Schwestern Bennett, Layton Romero, Carson Stewart, Cliff Robertson, Doria Marrel, Marlene Dietrich, Gloria Swanson, Clark Gable, Robert Taylor und andere.

„Alle diese Stars spielten ihre stereotypen Charaktere mit Erfolg, doch im Privatleben waren sie weniger interessant. Sonja Henie, Isadora Duncan, Noel Coward, Gertrude Stein oder Fernandel setzten ihre angelernten Rollen oft im Privatleben fort, was unnatürlich und merkwürdig anmutete. Doch erfreuten wir uns an ihrer Gesellschaft in sozialen Kreisen."

So wenig die Schauspielerstars Max Wolf beeindruckten, so begeistert war er von den Musikern der Metropolitan Opera, deren Hausarzt er sechzehn Jahre lang war. Er behandelte mehrere Dirigenten, auch den großen Arturo Toscanini. Dieser litt an einer Schulterbursitis mit Adhäsionen, die ihn oft so sehr quälte, daß es ihm unmöglich war, zu dirigieren. Linderung verschaffte ihm Wolf. Er therapierte das Gelenk mit Diathermie und mit den Strahlen der Tiefentherapiemaschine. Von Jahr zu Jahr ließ Toscaninis Sehkraft nach. Die letzten Jahre seines Lebens dirigierte er auswendig, ohne Noten. Er verließ sich nur auf sein Gedächtnis.

Den Dirigenten Arthur Bodanski beschrieb Wolf als „Spinne mit langen Armen, Beinen, Fingern und Nase. Ich sah ihn stets aggressiv, oft roh schimpfend. Er war von jedem gefürchtet, außer von der Gesellschaftsdame Lamier, die ihn anbetete und in deren Gesellschaft er viel war."

Wolf lernte auch Enrico Caruso kennen. Der Sänger, der sich selbstbewußt als „größten Tenor der Welt" bezeichnete, fiel durch seinen enormen Appetit, seinen großen Durst und seinen unerschütterlichen Humor auf. Er erzählte Wolf, daß er verschiedene italienische Pillen schlucke, von denen er sicher sei, daß sie seine Stimme verbessern. Die Namen der wundertätigen Pillen aber hielt er geheim. Schließlich starb Caruso, der seine Lungenkapazität überanstrengt hatte, an einem pulmonalen Bluterguß.

Neben den Sängern Lawrence Melchior („ein Hunnentyp mit übergroßen Dimensionen und mächtiger Wagnerstimme") und dem gleichfalls beeindruckenden Tschechen Leo Slezak (Wolf unternahm mit ihm Bergtouren in die österreichischen Alpen) war auch der berühmte russische Sänger Schaljapin Wolfs Patient. Der riesige Mann war Diabetiker. Einmal brauchte er spät am Abend, von London kommend, die Hilfe seines Arztes.

Eine schwere Laryngitis quälte ihn. Schaljapin konnte kaum sprechen. Dabei sollte er in der Metropolitan Opera in den nächsten Tagen in seiner Lieblingsrolle, als Boris Godunow, auf der Bühne stehen und singen. Die Untersuchung zeigte, daß sein Blutzucker und der Blutdruck viel zu hoch waren. Doch viel schlimmer: Wolf diagnostizierte einen mittelgroßen Knoten am linken Stimmband. Offenbar hatte der Russe seinen Stimmapparat durch zu lautes und langes Singen in London überanstrengt.

Der Tumor mußte unbedingt chirurgisch entfernt werden. Wolf schickte den verzweifelten Sänger zu dem besten Spezialisten, den er kannte. Dieser war auch bereit, die Operation durchzuführen, doch nur unter der Bedingung, daß sich Schaljapin zu einer Vollnarkose bereit erklären und nach dem Eingriff ein bis zwei Monate eine vollkommene Singpause einlegen würde. Eigentlich, das wußte Wolf aus eigener Erfahrung, war die Operation einfach. Er selbst hatte sie früher durchgeführt, an Patienten, die er nur örtlich betäubt hatte.

Er erinnerte sich, daß die Blutungen bei seinen Patienten schon bald zum Stillstand gekommen waren und die Operierten schon nach einer Woche wieder hatten sprechen können. Schaljapin, der auf keinen Fall die Rolle als Godunow verpassen wollte, beschwor Wolf, ihn im Schnellverfahren zu operieren. Zunächst wies Wolf die Bitten des Russen, dessen Stimme bei Llyods in London auf eine Million Dollar versichert war, zurück.

Wegen des hohen Blutdrucks und der Arteriosklerose seines Patienten erschien ihm die Gefahr einer unkontrollierbaren Nachblutung als zu groß. Und noch etwas ließ ihn zögern: Schaljapin wollte bei dem Eingriff lediglich eine örtliche Betäubung. Er fürchtete sich vor einer Vollnarkose, da sein Vater bei einer solchen Gelegenheit gestorben war. Wolf befürchtete, daß seine Hände für einen Eingriff mit Lokalanästhesie nicht ruhig genug wären, um den Tumor glatt und sicher von dem Stimmband zu trennen.

Um an die betreffende Stelle im Rachen heranzukommen, würde er auch mit einem Spiegel (Larynxspiegel) arbeiten müssen. Er hatte das noch nie getan, und die Vorstellung, die Operation nur spiegelverkehrt im Blick zu haben, schreckte ihn ab. Doch Schaljapin ließ nicht locker – und er machte Wolf einen abstrusen und faszinierenden Vorschlag. Er behauptete, seinen ganzen Stimmapparat so hoch heben zu können, daß das gesamte Operationsfeld auch ohne Spiegel sichtbar werde.

Wolf hatte so etwas noch nie gesehen, doch der Russe konnte ihn durch eine Demonstration seines erstaunlichen Tricks überzeugen. Wolf erklärte sich zu der Operation bereit, doch der Sänger mußte ihm schriftlich erklären, daß für alle Konsequenzen des Eingriffs er, Schaljapin, die alleinige Verantwortung trage.

Wolf wußte, daß schon die geringste Unsicherheit beim Entfernen des Tumors das Stimmband seines Patienten für immer schädigen konnte. Doch er operierte. Er entfernte den Tumor mit einem schnellen und sicheren Schnitt. Die Nachblutungen hörten schon nach ein paar Minuten auf. „Es war ein Schrei der Erleichterung für mich, als Schaljapin mit noch blutendem Stimmband das hohe C intonierte." In den nächsten Wochen vernarbte der Schnitt ohne Komplikationen und der Sänger konnte seine Lieblingsrolle, den Boris Godunow, spielen. Die Kritiker behaupteten jedenfalls nach der Premiere, Schaljapin habe den Godunow nie überzeugender gesungen.

Von London kam eines Tages auch der Tenor Richard Tauber als Patient zu Wolf. Er litt an einer akuten Nebenhöhleninfektion und einem bronchialen Katarrh. Wolf bekam die Krankheit bald unter Kontrolle – doch als Tauber versuchte, in der Praxis ein paar alte Wiener- und Studentenlieder zu singen, war sofort klar, daß seine Stimme noch in Mitleidenschaft gezogen war. Tauber verbrachte mit seiner jungen und schönen Frau einige Abende bei seinem Arzt in Millwood. Er gab dort natürlich auch, begleitet von Edith am Klavier, einige Proben seines überragenden Könnens.

Alles in allem war Wolf von den Sängern offenbar mehr beeindruckt als von den Sängerinnen: „Die weiblichen Mitglieder der Oper waren meist typische Primadonnatypen mit ausgebufftem Ego, launisch übersensitiv, unberechenbar und eifersüchtig untereinander."

Lampenfieber war natürlich eine Diagnose, die der Metropolitanarzt Wolf des öfteren stellen mußte. Da war zum Beispiel der Fall der französischen Sängerin Lilly Pous. Vor jedem Auftritt hatte sie eine derartige Angst, daß sie schon einen Tag vorher jegliche Nahrung verweigerte. Sie befürchtete, daß sie andrenfalls grauenhafte Magen- und Kopfschmerzen bekomme.

Sie nahm, wie viele ihrer Kollegen, sowohl Aufputsch- als auch Beruhigungsmittel. Wolf ließ nun, speziell für die nervösen Stars der Oper, Placebotabletten herstellen. Als klar war, daß die harmlosen Milchzuckerpillen den erwünschten Beruhigungseffekt hatten, wurden die Wolfschen Placebos zu Standardpräparaten an der Met.

Die Klientel wandelt sich

Aus Zeitmangel gab Wolf schließlich seinen Job an der Oper auf. In den nächsten Jahren wurden nun die illustren Patienten aus der Film- und Showszene verdrängt von einer „mehr gediegenen Klientel" – gediegen vielleicht, aber nicht minder berühmt und vermögend.

Unter ihnen war Henry Wallace. Wallace war unter Roosevelt während zweier Amtsperioden Vizepräsident gewesen und galt als Vater des New Deal. Sein Credo als Politiker war es, daß der Staat sich deutlich mehr in die Wirtschaft einmischen müsse. Für viele Amerikaner war Wallace deshalb ein Kommunist. Der Vorwurf: Wallace wolle die freie Marktwirtschaft unterminieren.

Tief gekränkt zog sich Wallace schließlich ins Privatleben zurück. Sein Landgut in New Salem war ganz in der Nähe des Wolfschen Besitzes in Millwood. Wolf und Wallace wurden enge Freunde. Ihr gemeinsames Interesse war die Landwirtschaft. Wallace, der früher auch einmal Landwirtschaftsminister gewesen war, war ebenso wie Wolf von dem Gedanken fasziniert, durch die Verbesserung von Nutzpflanzen den weltweiten Hunger zu bekämpfen. Jeder lernte von den Züchtungsmethoden des anderen.

Wallace erkrankte an einer tödlichen amytrophischen Lateralsklerose. Doch er gab nicht auf. Die letzten Monate des zwei Jahre während Martyriums verbrachte Wallace im Krankenhaus. Jede Woche schrieb er einen Brief an seinen Freund, in dem er detailliert seinen immer schlechter werdenden Zustand, den nahenden Tod, schilderte. „Wallace war ein großer, vornehmer Charakter. All sein Denken und Trachten war der Wohlfahrt des Landes und Hilfe der Menschheit gewidmet."

Unkonventionell und dramatisch war die Methode, mit der Wolf den berühmten englischen Schriftsteller William Somerset Maugham behandelte. Er litt, als er den Wunderheiler von New York aufsuchte, seit vielen Jahren an einer Malaria. Die besten Spezialisten für Tropenkrankheiten hatten nicht helfen können. Maugham war durch den täglichen Schüttelfrost und starke Kopfschmerzen fast völlig paralysiert.

Wolf erinnerte sich daran, daß er zwei Jahre zuvor einen Malariapatienten mit einer Überdosis Chinin innerhalb von drei Tagen geheilt hatte. Er entschloß sich, auch bei Maugham eine derartige Roßkur anzuwenden. Genauer: eine Affenkur. Wolf holte sich aus einem New Yorker Zoo einen großen Schimpansen, der mit einem Gewicht von 150 Pfund etwa so viel wog wie Maugham. Er injizierte dem Affen 5 ml vom Blut seines Patienten. Dem an Malaria erkrankten Affen spritzte Wolf nun das zehnfache der üblichen Chinin-Dosis (10 Gramm). Einen Tag später hatte der Affe keine Malariasymptome mehr, doch im Blut war der Erreger noch nachweisbar. Wolf verdoppelte die Chinindosis. Der Affe verlor für einige Stunden das Bewußtsein, erholte sich aber und war von der Malaria befreit.

Wolf informierte Maugham, daß er nun eine Chinindosis errechnet habe, die ihn sicher von der Krankheit befreie, die ihn vielleicht aber töten würde. Der verzweifelte Dichter zögerte nicht: „Mach schnell. Mein miserables Leben ohne Hoffnung auf Erleichterung ist nicht lebenswert. Ich bin bereit. Injiziere sofort dein verdammtes Zeug."

Wolf tat es. Der Dichter fiel in ein tiefes Delirium, war halb bewußtlos, hörte und sah nichts mehr. Doch nach zwei Wochen war er geheilt. Von der Malaria erlöst, lebte er noch zwanzig Jahre und starb erst im Alter von 92 Jahren.

Drei Jahre nach der Malariakur rettete Wolf dem Schriftsteller noch einmal das Leben. Er diagnostizierte bei Maugham, der inzwischen sein Freund geworden war, einen großen Magentumor. „Willy" lehnte eine Operation ab. Also gab ihm Wolf große Dosen seines Enzymgemisches WoBe. Tatsächlich: Der Tumor verschwand. Jahre später schickte der Maugham-Biograph Garson Kanin ein Exemplar seines Buches an Wolf. Darin war eine Widmung Maughams, der schrieb, daß diese Biographie ohne die Fürsorge seines Freundes Max Wolf wohl nur halb so lang geworden wäre.

Im September 1958 tauchte ein Offizier aus der Dominikanischen Republik in Wolfs Praxis auf. Es war der persönliche Adjutant des Herrschers von Santo Domingo, Trujillo. Der Generalissimo, so die Botschaft des Adjutanten, habe sich Wolf als Leibarzt ausgewählt. Wolf könne sein Gehalt selbst bestimmen, er könne in einem herrschaftlichen Haus wohnen, zwanzig Diener würden sich um ihn und seine Frau kümmern, er könne Dekan der dominikanischen Universität werden.

Wolf lehnte das Angebot Trujillos, des absoluten und tyrannischen Herrschers von Santo Domingo, ab. Er erklärte sich aber bereit, den Diktator und seine Verwandten mit seiner Zellulartherapie zu behandeln und ihn von Zeit zu Zeit auf der Insel zu besuchen.

Kurz darauf war er zum erstenmal als Hausarzt im Palast des legendären „Chefs", der innerhalb von vierzig Jahren zwar die Bevölkerung aus Armut und Analphabetentum befreit hatte, sein Volk aber wie Sklaven behandelte, Oppositionelle folterte und hinrichtete, der seine Insel wie ein Privateigentum verwaltete und dessen Bild in jeder Wohnung Santo Domingos neben dem Bild der Mutter Gottes hängen mußte.

Trujillo begrüßte Wolf im Schlafrock. Er war gerade dabei, die passenden Reitstiefel für den morgendlichen Ausritt auszuwählen. Wolf stellte dem Diktator sofort Bedingungen. Er wies Trujillo darauf hin, daß nach der Zellimplantation Reiten, Trinken und Rauchen verboten seien. Trujillo habe strikt das Bett zu hüten, sich an seine Anweisungen zu halten, weil er ihn sonst nicht behandeln werde. Der Diktator versprach Gehorsam.

Besonderen Mut bewies er während der Injektionen, die Wolf natürlich nur nach örtlicher Betäubung vornahm, nicht. Trujillo war nervös, schnitt Grimassen und klagte über Schmerzen.

Wolf versprach, jedes Jahr im Januar auf die Insel zu kommen, um bei Trujillo und seinen Verwandten Auffrischungsinjektionen vorzunehmen. Der Tyrann und der Arzt schienen in den nächsten Jahren miteinander auszukommen. Wolf versuchte in persönlichen Gesprächen, Trujillo zu einer konzilianteren Politik zu bewegen. „Ich hoffte, ihn bewegen zu können, eine Konstitution im Lande zu errichten und Volksvertreter zu einer Art Parlament zu vereinigen. Ich versicherte ihm, daß die Untertanen nicht für immer seine Sklaven bleiben werden, eine Revolution werde bestimmt ausbrechen und ihn mit seiner Familie und Leibwache ermorden."

Die Warnungen sind offenbar fruchtlos geblieben. Trujillo sonnte sich im Gefühl, der unangefochtene „Papa" von Santo Domingo zu sein. Er lud Wolf zu Inseltouren in seinem Rolls Royce ein. In diesem Rolls Royce wurde Trujillo schließlich ermordet. Sechs Tage vor dem Attentat war Wolf noch zu Gast bei dem Diktator, der an die lebensverlängernde Kraft der ärztlichen Therapie geglaubt, die lebensverlängernde Wirkung der ärztlichen Mahnungen offenbar nicht erkannt hatte.

Seinen Ruf als Wunderdoktor erlangte Wolf nicht nur wegen seiner ungewöhnlichen Therapien, sondern auch wegen manch dramatischer Patientengeschichten, bei denen der unkonventionelle Arzt aus New York als allerletzte Instanz erschien, dem tatsächlich noch die Heilung des bereits verloren geglaubten Kranken gelang.

Eine solche Geschichte war die Rettung der kleinen Peggy 1938. Deren Mutter Mrs. Drexel Biddle, die Tochter und Erbin des steinreichen „Kupferkönigs" Thompson, richtete aus Paris einen telefonischen Hilferuf an Max Wolf. Ihre Tochter Peggy leide an einer offenbar nicht mehr zu therapierenden Tuberkulose. Sie liege im Sterben. Wolf flog sofort nach Frankreich.

Er fand Peggy, die zum Skelett abgemagert war, bewußtlos vor. Sie hatte 41 Grad Fieber. Die vier Tuberkulosespezialisten, die sich um sie kümmerten, hatten jegliche Hoffnung aufgegeben. Wolf verlangte, seine Patientin allein untersuchen zu dürfen. Zu seiner Überraschung konnte er bei ihr keinerlei Symptome einer Tuberkulose entdecken. Peggy hustete nicht und hatte auch keinen blutigen Auswurf.

Wolf untersuchte ihren ganzen Körper und entdeckte in ihrer Vagina ein kleines Karbunkel, das den anderen Ärzten entgangen war. Sofort ordnete er eine Bluttransfusion an. Mit Blut- und Eiterproben von Peggy flog Wolf mit einem eigens für ihn bereitgestellten Flugzeug nach Wien, wo er die Proben untersuchen ließ. Er hatte Glück. Im Allgemeinen Krankenhaus von Wien fand Wolf einen Patienten, der gerade eine Blutinfektion mit denselben Streptokokken wie Peggy überstanden hatte.

Mit dem Serum dieses Patienten flog Wolf zurück nach Frankreich und impfte Peggy. Das Fieber des Mädchens ging schon bald zurück, und nach einem Monat besuchte die kerngesunde Peggy ihren Arzt in New York, um sich bei ihm für die Rettung zu bedanken.

Auch Picasso war Wolfs Patient. Ein Freund des Malers, der französische UNO-Vertreter Logier, war von Wolf einmal nach einem schweren Autounfall geheilt worden. Logier bat Wolf, dem Künstler zu helfen. Picasso leide an einem schmerzhaften Ulcus im Knöchel, könne nicht mehr gehen – und als Invalide wolle er auch seine Braut nicht heiraten.

Wolf, der ja selbst einmal Maler hatte werden wollen, machte aus seinem Urteil über den gefeierten Künstler keinen Hehl. Er, Wolf, könne Picasso nicht ausstehen, da dieser das Publikum mit seinen hingeschmierten Malereien doch nur auf den Arm nehme. Er halte es nicht für redlich, irgendwelche „absichtlichen Verzerrungen natürlicher Linien" als moderne Kunst zu verkaufen.

Doch sein Urteil über Picasso als Maler habe nichts mit dessen körperlichen Gebrechen zu tun. Er wolle ihm gerne helfen. Wolf schickte also ein gehöriges Quantum seines WoBe-Gemisches zu Picasso. Tatsächlich verschwand das Geschwür schon nach kurzer Zeit. Da Wolf ein Honorar ablehnte, bezahlte der ungeliebte Patient Picasso in Naturalien. Großmut oder Bosheit: Picasso schenkte Wolf eines seiner Bilder. Dieses sei, so Wolf, „groß und unattraktiv" gewesen – „Stilleben mit Lampions, Langusten, Obst und anderem". Konsequent in seiner Geringschätzung Picassos, schickte Wolf das Bild kurzerhand zur Versteigerung zu Sothebys nach London.

Selbst der englische Hochadel ließ sich von Wolf behandeln. Nach New York kamen der Duke of Windsor, Lord und Lady Mountbattan, der Duke of Sutherland, mehrere Verwandte der Königin. Ja, selbst die Mutter der Königin lernte Wolf kennen – nicht in der Praxis, sondern im Kaufhaus.

Wolf ging eines Nachmittags die 57. Straße in New York entlang, um seine beiden Freunde, den Schriftsteller Stark Young und den Architekten Bill Bowmann, zu besuchen. Plötzlich geriet er in einen Menschenauflauf. Polizisten versperrten den Weg. Wolf hörte, daß die Königin-Mutter gerade im Kaufhaus Hammacher Schlemme sei, und daß das Geschäft und die Straße abgesperrt seien, bis der hohe Besuch seinen Kaufhausbummel abgeschlossen habe.

Wolf, der seine Verabredung nicht versäumen wollte, rief einen Polizisten heran. Er informierte ihn, daß er durchgelassen werden müsse – er sei der Leibarzt ihrer Majestät. Sofort ließen ihn die Polizisten passieren und geleiteten ihn zur Mutter der Königin, die gerade dabei war, Küchengeräte auszuwählen.

Wolf ging zu der Dame, die er als „altmodische, beleibte Hausfrau" beschrieb, und bot ihr seine Dienste als Berater an. Von Wolf war dieses Angebot vielleicht nur als harmloser Scherz gedacht, doch ihre Majestät nahm ihn beim Wort. Fünf Stunden ließ sie sich von Wolf durch das Kaufhaus geleiten. Dann bedankte sie sich, lud ihn zu einem Besuch im Buckingham Palast ein – und Wolf konnte endlich seine Freunde besuchen.

Stark Young vermittelte Charlie Chaplin (,,der meist in schlechter Stimmung war") und den englischen Schriftsteller Aldous Huxley in Wolfs Praxis. Huxley war beinahe erblindet, als er, von einer Krankenschwester begleitet, zu Wolf kam. Dem Arzt fielen die straffen Augenmuskeln Huxleys auf. Er verordnete dem Schriftsteller die Übungen des Dr. Bates zur Entspannung der Augenmuskulatur.

Ein halbes Jahr später meldete sich Huxley bei Wolf telefonisch. Er berichtete, daß er sein Augenlicht wiedergewonnen habe. Er sei ihm ewig dankbar, denn nun könne er wieder stundenlang lesen und schreiben. Außerdem verfasse er gerade ein Buch, ,,The art of seeing" (Die Kunst des Sehens), in dem er die Übungen des Dr. Bates detailliert vorstelle.

40 Jahre lang gehörte Marjorie Merriweather Post, die ,,reichste Frau der Welt", zu Wolfs Patientinnen. Hin und wieder mied sie den Arzt und vertraute sich den Gesundbetern der ,,Christian Science" an, einer Sekte, die jegliche Krankheit für Einbildung und demzufolge jeglichen Doktor für überflüssig hielt. Marjorie Post hatte viermal geheiratet. Eine ihrer Töchter, Eleonor, war für kurze Zeit mit dem deutschen Journalisten und Schriftsteller Hans Habe liiert. Wolf konnte Eleonor einmal von einer ,,lebensgefährlichen Blutkrankheit" heilen.

Marjories Reichtum war grenzenlos, ihr Lebensstil ohne Kompromisse. Den Winter verbrachte sie in ihrem Palast in Palm Beach. Sie beschäftigte dort allein fünfzig Gärtner, die damit beschäftigt waren, ihren ,,Zaubergarten" in Ordnung zu halten. Während des Frühjahrs und Herbstes hielt sie in Washington Hof. Den Sommer verlebte sie auf ihrer viele tausend Hektar großen Ranch im Norden des Staates New

York. Sie hatte ein eigenes Flugzeug, das sie und ihre Gäste jederzeit von New York nach Washington brachte.

1972 hatte Marjorie eine Herzattacke, wurde senil und konnte das Bett kaum noch verlassen. Im Januar 1973 verschrieb ihr Wolf WoBe in Form von Klistieren. Die alte Dame erholte sich wieder. Doch nach zwei Monaten WoBe-Therapie kehrte sie nach Washington zurück, nahm keine Klistiere mehr und fiel in den Zustand der Senilität zurück. Sie starb im Alter von 82 Jahren.

Als Fahrradverkäufer hatte Harrison Williams angefangen und war durch Börsenspekulationen reich geworden. Seine North American Company kontrollierte die Elektrizitätsversorgung eines großen Teiles Amerikas. Williams, Besitzer des teuersten Hauses an der Fifth Avenue und des größten Anwesens in Long Island, hatte die begehrteste Frau der High Society geheiratet – Mona Slezinger. 15 Jahre lang war Wolf der Arzt der beiden, die nie eine schwere Krankheit hatten. Als 80jähriger rutschte Harrison einmal aus, brach sich den Fußknöchel und starb an einer Lungenembolie. Mona heiratete den Grafen von Bismarck und zog nach Capri in den alten Palast des Tiberius.

Eines Tages wurde der Reeder Luckenbach in Wolfs Praxis gebracht. Der Industrielle drohte zu ersticken. Ein Hühnerknochen war ihm im Larynx steckengeblieben. Tatsächlich galt Luckenbach, Besitzer der größten Flotte der Ostküste, nicht nur als absolut unausstehlicher Tyrann, sondern auch als maßloser Esser, der nie den Rachen voll bekommen konnte. Diesmal allerdings hat er ihn voll. Schon war er blau angelaufen und wurde bewußtlos. Wolf, der schon alles für eine Tracheotomie vorbereitet hatte, konnte im allerletzten Augenblick den Knochen, der sich in der Stimmritze fest verankert hatte, mit einer zahnärztlichen Spange greifen und herausholen. „Luckenbachs Frau sah mir mit gemischten Gefühlen zu. Ich konnte nicht feststellen, ob sie über die Rettung wirklich froh war. Das Bluten hörte jedenfalls nach einer Stunde auf, und Luckenbach konnte schon nach einer Stunde nach Hause zurückkehren."

Zehn Jahre später hatte Wolf einen ähnlichen, ähnlich dramatischen Fall. In Miami Beach sah er zufällig eine Frau am Ufer liegen. Er rannte zu ihr. Sie war bewußtlos. Sie atmete nicht. Ihr Pulsschlag war nicht meßbar. Wolf vermutete, daß ihre Luftröhre durch ein allergisches Ödem verstopft war. Wolf nahm sein Taschenmesser. Er stieß die Klinge in die Trachea unter dem Adamsapfel. Sorgfältig mied er die großen Blutgefäße. Um das Atmungsloch offenzuhalten, steckte er einen Bund Zahnstocher, den er in seiner Tasche gefunden hatte, in die Wunde. Wolf begann dann mit der künstlichen Atmung. Inzwischen standen viele Schaulustige um ihn herum, um die Notoperation zu beobachten. Nach einer halben Stunde kam die Frau zu sich. Bald darauf erschien auch die Ambulanz. Zwei Wochen später besuchte ihn die Frau in seiner Praxis, um sich für ihre Rettung zu bedanken. „Trotz der schmutzigen Instrumente, die ich benutzte, gab es keine Infektion."

Walter P. Chrysler, der als Fabrikarbeiter angefangen und später den drittgrößten Automobilkonzern der USA aufgebaut hatte, konsultierte Wolf regelmäßig wegen seines gefährlich geringen Blutdrucks. „In der Mayo-Klinik in Minnesota wurden alle Mittel versucht, sein sympathisches Nervensystem zu stimulieren, den Vagus zu reduzieren und das Arterienlumen zu verengen – ohne Erfolg. Ich versuchte, sein Blut dünn zu halten, um Evagulationen zu vermeiden, doch schließlich war die Katastrophe unvermeidlich." Chrysler starb, weil das zu langsam zirkulierende Blut in den Hirnarterien stockte.

Forschung
Mit Leidenschaft für das Leben

Wolf war nicht nur ein praktischer Arzt, sondern auch ein leidenschaftlicher Forscher. Neben der Medizin beschäftigte er sich in den 40er Jahren hauptsächlich mit Fragen der Pflanzenzüchtung und mit Problemen der Ertragssteigerung bei Getreidearten. Außerdem interessierte er sich für die Entwicklung und Nutzung alternativer pflanzlicher Proteinquellen, um den steigenden Eiweißbedarf einer wachsenden Menschheit zu decken und den Hunger in der Welt zu vermindern. Um diese Forschungen durchführen zu können, erwarb Wolf 1942 in Red Hook am Ostufer des Hudson, nahe Kingston, eine gut 14.000 Hektar große Farm, die er 1948 wieder verkaufte. Zusammen mit dem Verwalter van Nest und dessen Familie untersuchte Max Wolf hier in vergleichenden landwirtschaftlichen Feldversuchen den Einfluß von unterschiedlich langen und starken Kälteexpositionen auf die Ertragsbildung von Saatgut verschiedener Getreidesorten. Wolf entdeckte rassische und speziesspezifische Unterschiede. Seiner Meinung nach könnte der globale Kornertrag um ein Vielfaches gesteigert werden, wenn man diese Unterschiede systematisch nutzen würde. Auch mit Mikroorganismen experimentierte Max Wolf. Er stellte fest, daß diese Organismen geeignete und in ausreichender Menge zu züchtende ,,Ersatzschweine" sein könnten, um den Eiweißbedarf einer ständig wachsenden Erdbevölkerung zu decken. Auch könnten – so zeigen einige Patente Wolfs – saprophytisch lebende Pilze dazu genutzt werden, in Nährmedien angebotene Abfallstoffe zu nahrungsmäßig nutzbaren Proteinen zu veredeln.

Auf dem Gebiet der Medizin änderten sich mit den Jahren Wolfs Interessen. Als jungen Mediziner hatte es ihn gereizt, auf dem Gebiet der Endokrinologie Pionierarbeit zu leisten. Je länger er als Arzt tätig war, je deutlicher er von den Schmerzen und Ängsten seiner Patienten erfuhr, desto mehr zog es ihn als Forscher hin zur Gerontologie und Geriatrie. Wolfs Anspruch war in dieser Hinsicht ein totaler: Ist der Alterungsprozeß des Menschen zu steuern, zu verlangsamen, zu stoppen? Im Grunde war sein Interesse auch hier die Leidenschaft des Arztes: die Passion des Heilens. Denn das Altern zu beeinflussen, bedeutete ja nichts anderes, als die Krankheiten des Alterns zu bekämpfen, die Krankheiten also, denen bei weitem die meisten Menschen erliegen.

Als geborener Praktiker ging Wolf die Sache praktisch, einfach und richtig an. Er sammelte Patienten um sich, die alle schon das 75. Lebensjahr erreicht hatten, gründete mit ihnen einen Verein, dessen einziges Ziel es war, daß jedes Mitglied noch möglichst lange leben, nach Möglichkeit sogar hundert Jahre alt werden sollte. Jedes Mitglied dieses „Century Club" hatte sich an eine bestimmte Diät, eine bestimmte Lebensweise zu halten und ließ sich einmal im Jahr gründlich durchchecken. Konkret ging es darum, einen Lebensstil zu ermitteln, der als allgemeine Prophylaxe gegen die großen Killerkrankheiten Arteriosklerose und Krebs wirken würde.

Dabei verließ sich Wolf natürlich auch auf die Ergebnisse großer wissenschaftlicher Studien und auf die Erfahrungen der jeweiligen Selbsthilfegruppen (etwa der Arteriosklerose-Clubs). Daß die Ernährung einen entscheidenden Einfluß auf

94

die Gesundheit im Alter hatte, war Wolf klar: „In der Diät müssen Tierfette, viel Fleisch und viele Eier vermieden werden. Auch andere Milchprodukte wie Rahm, fetter Käse, feines gebleichtes Mehl und Süßigkeiten." Doch die Mitglieder des „Century Clubs" hatten sich nicht nur an streng medizinische Ratschläge zu halten. Es ging nicht nur darum, Übergewicht zu bekämpfen, mit dem Rauchen aufzuhören, gut zu schlafen und die Verdauung stabil zu halten. Wolf war davon überzeugt, daß nur derjenige auf Dauer gesund bleibe und alt werde, der seine Tage wirklich mit Interesse und Engagement verlebe.

„Tägliche Beschäftigung, Hobbies und allgemeines Interesse sind wichtige Mittel, das Leben zu verlängern. Gute Gewohnheiten sollen gepflegt werden, namentlich die Tendenz, das Gute und Nützliche bei allen Ereignissen zu sehen. Langeweile muß vermieden werden. Verwitwete oder pensionierte Leute müssen Hobbies und einen täglichen Beschäftigungsplan haben. Zeitungen, Bücher und Fernsehen sind wichtig. Humor verjüngt."

Um Arterienverkalkung zu verhindern, nahmen Wolfs Testsenioren regelmäßig sein Enzymgemisch. Enzyme entwickelten sich immer mehr zur eigentlichen Passion des Arztes und Forschers Wolf, der zwar wußte, daß seine Jahre gezählt waren, der aber auch ahnte, daß er mit dem Enzymmittel möglicherweise ein Universalpräparat entdeckt hatte, daß nicht nur gegen Arteriosklerose und Krebs wirkte, sondern auch gegen eine Vielzahl von anderen Krankheiten. Den heilenden Effekt von WoBe sah Wolf schon darin begründet, daß durch die Einnahme der Enzyme Entzündungen – und die meisten Krankheiten sind nun einmal mit Entzündungen verbunden – schneller abklingen.

Mit Hilfe des amerikanischen Außenministers John Foster

Dulles, der zugleich ein Patient und Freund Max Wolfs war, gelang es diesem 1950, ein der Columbia-Universität angeschlossenes Forschungsinstitut zu gründen. Die von ihm finanzierte Einrichtung, die er Biological Research Institute nannte (ab 1952 kamen weitere Forschungslaboratorien hinzu, die Wolf temporär anmietete oder errichtete), diente der Grundlagenforschung in den Bereichen:

- Erschließung neuer Nahrungsquellen sowie Proteingewinnung und -veredelung durch pflanzliche und tierische Einzeller,
- Arteriosklerose und deren Vermeidung durch prophylaktische Maßnahmen,
- die Beeinflussung des Krebswachstums mit Hilfe von Enzymen und die Entwicklung entsprechender medikamentös einsetzbarer Präparate.

Die wichtigsten Mitarbeiter Wolfs in den ersten Jahren waren Helene Benitez, die bis 1950 bei Dr. Murray am Surgical Pathological Department der Columbia-Universität über die Kultivierung verschiedener Zelltypen gearbeitet hatte, und Dr. Akin.

Wie bereits erwähnt: Es war Ernst Freund, der Direktor der Krebsstation des Rudolfina-Spitals in Wien, der Wolf zur Beschäftigung mit Enzymen gebracht hatte. Freund glaubte, im Serum von Menschen, die nicht an Krebs erkrankt sind, eine Substanz entdeckt zu haben, die in der Lage sei, Krebszellen aufzulösen. Freund nannte diesen Stoff ,,Normalsubstanz". Wolf erkannte, daß diese ,,Normalsubstanz" in der Hauptsache aus proteolytischen Enzymen bestand. In den fünfziger Jahren entwickelte Wolf mit seiner Assistentin Helene Benitez eine Enzymmischung, die den optimal größten zytolytischen Effekt hatte – er nannte das Präparat

WoBe, nach den ersten beiden Buchstaben der Namen Wolf und Benitez. Aus diesen ,,Urenzymgemischen" wurden später wirksame Medikamente entwickelt.

Unzählige Laborexperimente hatten gezeigt, daß WoBe zwar Tumore und kranke oder tote Zellen auflöste, gesunde Zellen aber, auch bei höchster Dosierung, nicht angriff. Tierexperimente hatten ergeben, daß WoBe auch der Arterienverkalkung entgegenwirkte. Doch Wolf beließ es nicht bei Versuchen mit Ratten. Die Beeinflussung von Körperfunktionen, die durch Arterienverkalkung beeinträchtigt sind, durch das WoBe-Gemisch beobachtete er auch bei Menschen – auch bei sich selbst. Wolf, dessen Herz durch die Folgen eines Kranzaderverschlusses in Mitleidenschaft gezogen war, mußte für gewöhnlich schon nach 200 Metern schnellen Gehens arg nach Luft ringen. Ein typisches Alarmzeichen war auch, daß sich seine Fingerspitzen bläulich färbten. Nach fünfzehn Sekunden Stehenbleibens verschwanden die Symptome wieder. Wenn er sich allerdings tags zuvor WoBe rektal verabreicht hatte, war Wolf stets in der Lage, etwa 800 Meter ohne Beschwerden zu gehen. ,,Da WoBe bloß aus Enzymen besteht und keine temporären Vasodilatatoren (Nitrite) enthält, ist die einzig plausible Erklärung dieses Experimentes die, daß die Proteasen die Herzkapazität durch Erweiterung oder Relaxieren der Kranzarterien temporär erhöhen. Dieselbe Erfahrung machte ich mit einer Anzahl anderer Patienten mit ähnlichen Beschwerden."

Bei sich selbst und bei anderen alten Patienten konnte Wolf feststellen, daß durch die Einnahme von WoBe die Fettwerte im Blutserum innerhalb von 60 Minuten erst einmal stark anwuchsen (wahrscheinlich bedingt durch die Fettanlagerungen in den Plaques der Arterien, die durch die Enzyme abgeschwemmt wurden), nach drei bis fünf Stunden aber dramatisch sanken. Und, wenn WoBe weitergenommen wurde, auch in Zukunft niedrig blieben.

„Man kann von diesen und anderen Beobachtungen schließen, daß bei systematischer, fortgesetzter WoBe-Therapie die Arteriosklerose erfolgreich verhindert, verlangsamt oder verbessert werden kann. Da diese pathologische Veränderung der Arterien in der Vereinigten Staaten und den meisten zivilisierten Ländern der Hauptgrund aller Todesfälle ist, kommt es mir sehr wahrscheinlich vor, daß die Mortalität und Morbidität, bedingt durch Arteriosklerose, Herzattacken, Schrumpfnieren und dergleichen, wesentlich reduziert und für lange Zeit mit Hilfe von proteolytischen Enzymen verhindert wird. Nur wollen wir hoffen, daß dieses Arzneimittel in Zukunft so billig hergestellt werden kann, daß es der allgemeinen Bevölkerung leicht zugänglich sein wird."

Da Max Wolf und die mit ihm befreundeten Ärzte die WoBe-Rezepturen immer stärker in ihr Behandlungskonzept aufnahmen, konnte das Biological Research Institute im Verlauf der zweiten Hälfte der 50er Jahre die Nachfrage nach den verschiedenen WoBe-Darreichungsformen nicht mehr befriedigen. Hinzu kam, daß das Institut als primär wissenschaftlich forschende Einrichtung keine Gewinne machen durfte. Wolf beauftragte daher die Firma Sanabo in Wien mit der Fertigung der WoBe-Rezepturen.

In Spanien wurde WoBe bereits 1959 zuerst als Medikament zugelassen (in Deutschland 1960). Die Pharmafirma Votafarm des Armando Heck in San Sebastian übernahm die Lizenz und lud zur Einführung des Präparates Max Wolf zu einem Vortrag in die Universität von Barcelona. Wolfs Rede vor hunderten spanischer Internisten wurde ein großer Erfolg. Bald darauf wurden in Spanien die ersten Krebskranken mit WoBe behandelt. Viele Klinikärzte testeten das neue Medika-

Max Wolf (links) als Redner auf einem internationalen Symposium über Enzymtherapie an der Universität Barcelona 1962.

ment und ermöglichten so die ersten statistischen Aussagen über die Wirkung von WoBe bei verschiedenen Erkrankungen.

Auch in Österreich und Deutschland fingen Ende der 50er und Anfang der 60er Jahre mehrere Ärzte an, Patienten mit verschiedenen Krankheiten mit WoBe zu behandeln. Obwohl einige Mediziner das Enzympräparat schlicht für wirkungslos hielten, gab es doch schon sehr bald etliche Ärzte, die von WoBe begeistert waren. Chefarzt Dr. Wolf-Zimper vom Odenwald-Sanatorium zum Beispiel oder Chefarzt Dr. Dorrer vom Kreiskrankenhaus Prien am Chiemsee. Sie behandelten tausende Patienten mit WoBe – und mit guten Erfolg. Begeistert waren auch Professor Zabel in Berchtesgaden, Dr. Issels von der Ringberg-Klinik und auch Professor Wrba vom

Krebsforschungsinstitut der Universität Wien, der in einem Artikel schrieb, daß er keinen Krebspatienten mehr ohne WoBe behandeln werde. Kurz danach wurden sehr viele der Krebspatienten der Janker-Klinik in Bonn mit WoBe und hochdosiertem Vitamin A behandelt. ,,Chefarzt Dr. Höfer-Janker und sein Oberarzt Dr. Scheef informierten uns, daß damit die Anzahl der Krebsremissionen weit größer war und diese länger andauerten als je zuvor."

1970 wurde die WoBe-Enzymtherapie, während des Krebskongresses in Houston, amerikanischen Ärzten vorgestellt. Führende Krebsspezialisten (Adelsberger, Breitner, Bartsch, Klose, Scheef) äußerten damals einhellig die Überzeugung, daß die Enzymbehandlung einen mächtigen Fortschritt für die Krebstherapie darstelle. Insbesondere könne man durch regelmäßige Einnahme von WoBe das Metastasierungsrisiko senken, die Nebenwirkungen der Chemo- und Strahlentherapie erheblich vermindern, das Wohlbefinden der Krebspatienten im fortgeschrittenen Stadium der Erkrankung erheblich verbessern und das Leben in lebenswerter Qualität erheblich verlängern. Bei einigen Krebsarten, wie dem Bauchspeicheldrüsenkarzinom, der Ulycosis fungoidis, dem Pleuracarcinom, dem carcinomatösen Ascites und dem Melanom wurden häufig völlige Rückbildungen und Heilungen erreicht. Dabei sei es von großem Vorteil, daß WoBe in beinahe beliebig hoher Dosierung eingenommen werden könne, da es für gesunde Zellen vollkommen ungefährlich und daher nicht toxisch sei.

,,Ich bin jedoch der Ansicht, daß die wichtigste Zukunftsrolle der Enzymtherapie in der Geriatrie liegt, vor allem bei der Behandlung von Arteriosklerose mit ihren tragischen Entwicklungen wie Herzinfarkt und Schlaganfall. Die Anwendung von WoBe bei Krebs, bei Entzündungen und Viruserkrankungen wurde hauptsächlich durch die Bemühungen von Karl Ransberger gefördert."

Im Frühjahr 1959 lernten wir uns in New York kennen. Ich hatte von Anfang an großes Interesse an Wolfs Forschungen, und wir kamen überein, daß die Pharmafirma Mucos bei München, in der ich damals als Geschäftsführer tätig war, Enzymexperimente durchführen sollte. „In wenigen Stunden", so Wolf, „entwickelte sich eine gegenseitige Sympathie zwischen uns beiden. Ich gab ihm 500 Gramm meiner Enzymmischung und ersuchte ihn, Resorptionsexperimente an Ratten und Kaninchen nach enteraler und parenteraler Applikation zu erstellen."

Die Enzymforschung war damals erst im Entstehen. Insbesondere war die jeweils wirkungsvollste und sicherste Art der Anwendung noch nicht gefunden. Die orale Aufnahme von Enzymen war noch ungebräuchlich. Auch war es äußerst schwierig, die Enzympräparate steril und insbesondere frei von Allergenen zu halten.

Schon nach drei Monaten intensiver Experimente konnte ich nachweisen, daß WoBe auch in höchsten Dosierungen ungefährlich war. Die größte Wirkung hatte das Präparat – das belegten Versuche mit Ratten, denen Tumore eingepflanzt worden waren –, wenn es direkt in den Tumor gespritzt wurde.

Ich konnte auch Ärzte dazu bewegen, Krebspatienten, bei denen keinerlei Hoffnung auf Heilung mehr bestand, mit WoBe zu behandeln. Dr. Ruppert Dorrer, Chefarzt des Bezirkskrankenhauses von Prien am Chiemsee, gehörte zu den ersten, die den Mut hatten, WoBe zu benutzen. „Er war überrascht, daß sich bei 50 Prozent seiner Patienten nach kurzer Zeit der allgemeine Zustand, der bei den meisten schon sehr schlecht gewesen war, auffallend besserte. Sie fühlten sich wohl, Schmerzen verschwanden, Appetit und Gewicht besserten sich, und sie waren wieder voller Hoffnung – namentlich nach intratumoraler Injektion. Tumore wurden kleiner oder blieben stationär. Ich erinnere mich deutlich an eine ganze Anzahl seiner hoffnungslosen Patienten und war überrascht, daß sie noch nach Jahren lebten und in relativ guter Verfassung waren."

Zu Dorrers Patienten zählte auch eine junge Ärztin, die Gebärmutterkrebs hatte. Die Metastasen hatten sich bei ihr im ganzen Unterleib ausgebreitet. An der Münchener Universitätsklinik war sie bereits vergeblich mit Röntgenstrahlen behandelt worden. Als hoffnungsloser Fall kam sie zu Dorrer, der sie mit WoBe behandelte. Sie nahm das Medikament täglich drei Monate lang. Dann waren alle Tumore verschwunden. Auch später blieb sie gesund und ohne Metastasen. Sie arbeitete über viele Jahre als Ärztin bei Mucos und beriet die Ärzte über die Enzymbehandlung, wenn sie danach fragten. Dabei konnte sie häufig auf ihren eigenen Krankheitsverlauf verweisen. ,,Wir hatten viele ähnliche Wunderkuren. In vielen Fällen schien die Behandlung zunächst ein großer Erfolg zu sein. Dann aber gab es auch viele Rückschläge, wofür ich keine Erklärung fand."

Der Grund für die von Patient zu Patient unterschiedliche Wirkung der WoBe-Behandlung liegt wahrscheinlich darin, daß in jedem Menschen ein ganz individuelles Quantum von Antienzymen am Werk ist, die einen großen Teil der Enzyme neutralisiert, bevor sie zu den Tumorzellen gelangen.

1963 war für die Karriere des Medikamentes WoBe ein besonderes Jahr. Das Bundesgesundheitsamt erteilte in diesem Jahr die Zulassung für das Präparat. Im gleichen Jahr hielt Max Wolf im Schwabinger Krankenhaus in München einen vielbeachteten Vortrag über WoBe, und im Fachblatt ,,Ärztliche Praxis" veröffentlichte Dr. Pfeiffer eine lange Abhandlung über das neue Medikament. „WoBe zeigte sich besonders wertvoll zur Verhinderung von Rezidiven und von Metastasen. Für das Endstadium Krebsleidender war WoBe besonders geeignet zur Elimination des Schmerzes und zur Besserung des allgemeinen Befindens. Besonders gute Erfolge wurden bei malignen Pleura- und Peritonealeffusionen erzielt, bei denen in über 50 Prozent der Fälle ein Aufhören und völliges Verschwinden der Effusionen stattfand. Intratumorale Injektionen zeigten die besten Resultate, ebenso Kombinationsbehandlungen mit Strahlen- und Chemotherapie."

Trotz oder vielleicht auch wegen der großen Erfolge von WoBe als Therapeutikum in der Krebsbehandlung war Wolf und mir klar, daß der Weg zur Etablierung des neuen Präparates im Markt äußerst lang und beschwerlich sein würde. Zu sehr war schon damals das Gebiet der Krebsforschung besetzt und aufgeteilt von den verschiedensten Lehrmeinungen, die von den jeweiligen Professoren als Ultima ratio verkündet wurden. Jeder dieser orthodoxen Mediziner glaubte, im Besitz der einzigen Wahrheit zu sein. Und jeder dieser Mediziner hatte natürlich eine ganze Heerschar von Forschern und Ärzten hinter sich, die sich nur für ihn und seine Therapieform, sein Medikament, stark machten. Viele Krankenhausärzte, vor allem die Universitätsprofessoren, haben sogenannte Kooperationsverträge mit der chemotherapieherstellenden Pharmaindustrie. Ein großer Teil der Krebspatienten wird im Rahmen solcher Kooperationsverträge in klinischen Studien mit Polychemotherapie behandelt. Diese Ärzte sind fast immer strikte Gegner einer anderen Behandlungsmethode.

Ein vollkommen neues Präparat, auch wenn es noch so wirkungsvoll, noch so ungefährlich schien, hatte auf dem von einer Gruppe aus Ärzten, Forschern und Industriellen beherrschten Pharmamarkt kaum Chancen auf einen schnellen

Erfolg. Doch Wolf war immer davon überzeugt, daß sich irgendwann die ganz besondere Qualität seines Medikaments durchsetzen wird, er war immer davon überzeugt, daß irgendwann die Vernunft gegenüber dem Interesse die Oberhand gewinnt. „Ich sagte mir, daß ein Mittel, das gegenwärtig in kleiner Dosierung eine gute Wirkung hat und in Megadosen nicht schadet, in der Zukunft weit wirksamer sein muß, wenn es in verbesserter Form und in größeren Dosen genommen wird. Der Schriftsteller Emerson schrieb einmal: Wenn einer eine bessere Mausefalle als die jetzige erfindet und dieser Mann auch fern im tiefen Wald lebt, so würde bald ein ausgetretener Pfad zu seiner Hütte führen. Aber wie bald?"

Wie bald? Nicht so bald, daß Max Wolf den endgültigen Erfolg seines Medikaments noch hätte erleben können. In den dreißig Jahren seit der Entwicklung der WoBe-Gemische wurden auf deren Grundlage anerkannte Medikamente entwickelt. Lange Zeit setzten sie sich jedoch nicht in dem Maße durch, wie es sich Wolf, der immer an die umfassende Wirkung seiner Medikamente glaubte, gewünscht hätte.

Im Zusammenhang mit seinem achzigsten Geburtstag erfuhr Max Wolf für sein Lebenswerk – trotz seiner Abneigung gegen Titel und öffentliche Auszeichnungen – zahlreiche Ehrungen: In Wien wurde er von der American Medical Society, einer gut tausend Mitglieder zählenden Gesellschaft zur Förderung des Wissenschaftssaustausches zwischen österreichischen Ärzten und Medizinern aus englischsprachigen Ländern, zu deren Präsidenten gewählt. Ehrentitel wurden ihm von der Fordham und der California Universität verliehen. Und die englische Royal Academy of Health sowie die American Association for the Advancement of Science ernannten ihn zum „Fellow" bzw. Ehrenmitglied.

Um die Grundlagenforschung auf dem Gebiet der Enzyme

Der erste Firmensitz der Medizinischen Enzym-Forschungsgesellschaft e.V. in München

bei der Behandlung maligner Tumoren zu intensivieren, gründeten Max Wolf, Frau Dr. Heuer und andere interessierte Wissenschaftler und Ärzte in Grünwald bei München die Medizinische Enzym-Forschungsgesellschaft e.V. mit einem entsprechenden Forschungslaboratorium in München und in Sauerlach bei München. Der mit dem Kürzel MEF bezeichnete eingetragene Verein ist eine gemeinnützige Einrichtung, die sich selbst zu tragen hat und – analog dem Biological Research Institut an der Columbia-Universität in New York – eventuelle Gewinne in satzungsgemäße Forschungszwecke reinvestieren muß.

Mit zunehmendem Alter wurde Max Wolf im beruflichen und privaten Leben immer gelassener. Seine Praxis in New

105

York (und später in White Plains) führte er im hohen Alter noch weiter. Das Landgut in Millwood bei New York tauschte er schließlich gegen ein Haus im wärmeren Miami Beach, wo er den Winter verbrachte. Im Mai 1973 starb seine Frau Edith. Ein Jahr darauf heiratete der 89jährige Max Wolf seine um fünfundvierzig Jahre jüngere Hausangestellte Margot. Von mir ließ er sich die Qualität seines Spermas untersuchen. Er hatte Angst davor, ein Kind zu zeugen. Tatsächlich war sein Sperma relativ normal. Es hätte also noch klappen können.

1975 schrieb Max Wolf: ,,Ich habe mich von der aktiven Praxis halb zurückgezogen und sehe neben meinen alten Patienten noch einige Geriatrie- und Krebsfälle. Es sind nur noch einige wenige pro Tag. Doch mein Leben ist ebenso

Max Wolf (rechts) und der Autor Karl Ransberger im Garten von Wolfs Haus in Miami, Florida.

Max Wolf im Garten seines Hauses in Miami, Florida.

reich und interessant wie je. Ich stehe meist bald nach vier Uhr früh auf und gehe gegen neun Uhr abends schlafen. Nun mit meinen 90 Jahren kann der Abschied nicht mehr weit entfernt sein. Ich bin nicht unzufrieden damit und sehe ihm ruhig und sorglos entgegen. Das Leben machte mir soviel Spaß und wenig Kummer. Ich hatte Erfolg in meinen mäßigen Anforderungen, war gesund und hatte nie Langeweile. Ich hatte ein paar gute Ideen, die vielleicht einen Segen und Fortschritt für viele Menschen in der Zukunft bringen könnten. Ich möchte natürlich länger leben und die lange Liste meiner unvollendeten Anfänge kürzen. Jedoch ist das nicht wichtig, bessere Leute als ich werden wohl weiter daran arbeiten. Die Entwicklung der Enzymtherapie betrachte ich als Schlußstein meines Lebensbogens – wie den Grabstein meiner Beiträge zur Gesellschaft."

1976, im Alter von 91 Jahren, erkrankte Max Wolf an Krebs. Ein Magenkarzinom. Er flog nach Bonn, um sich von Dr. Höfer-Janker und Dr. Scheef, den Spezialisten der Janker-Klinik, die schon seit Jahren mit großem Erfolg die WoBe-Therapie anwandten, untersuchen und behandeln zu lassen. Die Diagnose ergab, daß der Tumor bereits so groß war, daß er den Magen blockierte. Die Ärzte überlegten, ob sie einen chirurgischen Bypass anlegen sollten. Wolfs Leben wäre durch die Operation vielleicht um ein paar Wochen verlängert worden. Doch Wolf selbst entschied anders. Er bat, daß man ihn mit einer extremen Dosis seiner Enzympräparate behandele. Eine so hohe Dosis frißt ein Loch in einen Tumor hinein. Tatsächlich, schon nach fünf Tagen war die Magen-Passage wieder offen. Wolf, der zwar fürchterlich abgemagert und geschwächt war, konnte schon wieder aufstehen. Er trank auch ein Glas Wein.

Als ich ihn am nächsten Morgen wieder besuchte, lag er im Koma. In der Nacht hatten seine Nieren versagt. Wahrscheinlich hatten sie die gewaltige Dosis Tumoreiweiß nicht resorbieren können. Wolf wachte nicht mehr auf. Einen Tag später waren keine Hirnströme mehr meßbar. Er atmete noch. Ich informierte alle erreichbaren Bekannten und Freunde. Viele kamen, um Abschied von ihrem Freund zu nehmen. Dann starb Max Wolf. Die Janker-Klinik organisierte eine Feuerbestattung in einem Kölner Krematorium. Die Urne wurde, dem Willen von Wolfs Frau entsprechend, auf einem Friedhof bei Kaiserslautern beigesetzt.

Wolfs Vermächtnis

Max Wolf gehörte zu den letzten einer Generation von Ärzten, die sich dem Zwang zur strengen Wissenschaftlichkeit objektiver Untersuchungen zum Nachweis der Wirkung nicht unterordneten. Die wissenschaftliche Medizin mit all ihrer Forschung bedeutete diesen Ärzten weit weniger als ihr Vertrauen in die eigene Beobachtung. Die Beobachtung, wie ihre Patienten auf die Therapie ansprachen, führte zur Überzeugung, daß die Therapie wirksam ist. Wolf wollte nicht einsehen, daß sich seine Enzymtherapie in immer noch mehr kontrollierten Untersuchungen bewähren mußte. Er war von der Wirksamkeit der Behandlung aufgrund seiner Behandlungserfolge endgültig überzeugt.

Seine Therapien waren neu und geheimnisvoll. Max Wolf hatte eine neue Behandlung entwickelt mit einem aufregend umfassenden Anspruch auf Heilung – ein Medikament, das vor allem das Krankwerden im Alter verhindern sollte: WoBe.

Die Geschichte der Entwicklung von WoBe macht deutlich: Max Wolf war ein leidenschaftlicher Mediziner. Er war geradezu besessen von der Überzeugung, mit WoBe ein hochwirksames Behandlungssystem entwickelt zu haben. Ich war für ihn derjenige, der die Wirksamkeit eben dieser Behandlung durch wissenschaftliche Forschung zu bestätigen hatte und dafür sorgen sollte, daß möglichst viele Kranke mit seinen WoBe-Gemischen behandelt wurden.

Wolf wußte bereits in den fünfziger Jahren einiges über die pharmakologische Wirkung seines Präparates. Seine Vorausschau war schlicht erstaunlich. Tatsächlich haben sich später sehr viele seiner Prophezeiungen über die wirksamen Anwendungsmöglichkeiten bewahrheitet. Mehr noch: Seine Enzymkombinationen sind in mancher Hinsicht viel wirksamer, als es Max Wolf ahnen konnte. Die Karriere von WoBe wäre ein eigenes Buch wert. Die wichtigsten Stationen seien hier zusammengefaßt.

Max Wolf ist nicht der erste Mediziner gewesen, der sich mit Enzymen beschäftigte. Bereits 1907 erregten die Untersuchungen des englischen Arztes John Beard großes Aufsehen. In seinem Buch „Die Enzymbehandlung des Krebses und ihre wissenschaftliche Grundlage" schilderte Beard, ein gelernter Embryologe, daß er 170 Krebspatienten mit Enzymen behandelt habe, und daß immerhin mehr als die Hälfte der als unheilbar geltenden Patienten geheilt worden sei. Die Tumore hätten sich aufgelöst. Der Krebs habe aufgehört zu wachsen. Beard hatte für seine Therapie aus den Bauchspeicheldrüsen junger Lämmer einen Saft gewonnen, den er seinen Patienten jeweils in den Tumor gespritzt hatte.

Beards Technik wurde sofort von vielen Ärzten kopiert. Doch bei deren Patienten wirkte die Enzymspritze überhaupt nicht. Die Beardsche Idee war damit gestorben, noch ehe man sich wirklich mit ihr auseinandergesetzt hatte. Dabei ist der Grund für die unterschiedliche Wirksamkeit der Injektionen ganz offensichtlich. Beard spritzte seine Enzyme gleich, nachdem er die Lämmer geschlachtet hatte. Der Saft, den die anderen Ärzte benutzten, war schon mehrere Tage alt. Die Enzyme waren zum Zeitpunkt der Injektion längst unwirksam und hatten sich aufgelöst.

Wolf begann sich mit Enzymen zu beschäftigen, nachdem er 1932 den österreichischen Krebsforscher Ernst Freund kennengelernt hatte. Freund und seine Assistentin Kaminer hatten im Serum von gesunden Menschen eine Substanz entdeckt, die in der Lage war, Krebszellen aufzulösen. Heute weiß man, daß der krebsfeindliche Stoff der Freundschen „Normalsubstanz" nichts anderes als Enzyme waren, die Freßzellen (Ma-

110

krophagen) des Immunsystems veranlaßten, den TNF, den Tumornekrosefaktor, freizusetzen. Wolf wußte aus seinen Untersuchungen, daß diese Normalsubstanz in der Hauptsache aus eiweißlösenden, ,,proteolytischen" Enzymen besteht. Wolf glaubte, daß es die Enzyme selbst sind, die Krebszellen zerstören. Daß die Enzyme vor allem den TNF der Makrophagen aktivieren, der die Krebszellen selektiv zerstört, ahnte er nicht.

Auf der Suche nach einem Enzympräparat, das er für die Behandlung von Krebs hätte einsetzen können, traf Wolf 1952 den deutschen Arzt Adolf Gaschler, der aus dem proteolytischen Enzym Chymotrypsin ein Krebsmittel, ,,Cardozelan", hergestellt hatte. Wolf untersuchte es in seinen Krebszellkulturen und in Tierversuchen und erkannte, daß Cardozelan nur einen geringen zytolytischen Effekt besaß. Wolf schlug Gaschler vor, durch die Hinzufügung von Pflanzenenzymen und Trypsin Cardozelan zu verbessern. Doch Gaschler wollte auf keinen Fall etwas an der Rezeptur seines Mittels, das er für vollkommen ausgereift hielt, ändern.

So ging Wolf in seinem ,,Biological Research Institute" an der Columbia Universität in New York daran, ein eigenes Enzympräparat zu entwickeln. Die Beschäftigung mit dem Gaschler-Medikament hatte ihm dabei sicherlich geholfen. Cardozelan, so vermutete Wolf, war deshalb so wenig wirksam, weil es hauptsächlich nur aus einem einzigen Enzym hergestellt wurde. Wolf fand in seinen Versuchen, daß ein Kombinationspräparat aus mehreren Enzymen aus tierischen und pflanzlichen Wirkstoffen besser wirksam ist. Er untersuchte tausende Mischungen und Konzentrationen, bis er eine optimale krebsfeindliche Proteasenkombination fand, die er nach den Anfangsbuchstaben seines Namens und dem seiner Assistentin Benitez ,,WoBe" nannte.

Wolf begann zunächst, Versuchstiere und dann seine Patienten in New York mit seiner WoBe-Mischung zu behandeln. Sein Präparat war noch mit vielen Fragezeichen versehen. Wolf wußte nicht, wie er die Enzyme haltbar machen konnte. Er wußte nicht, wie sein Mittel überhaupt vom Körper aufgenommen, resorbiert, wurde. Und die wichtigste Frage: Welche Darreichungsform war die effektivste?

Die Zusammenarbeit mit mir sollte Wolf helfen, all diese Fragen zu beantworten. 1959 war ich Geschäftsführer der sehr kleinen Arzneimittelfirma Mucos, deren Besitzer der Münchner Professor Hellmut Haubold war. Haubolds Firma stellte hochkonzentrierte Vitamin-A-Präparate her. Haubold selbst war ein Spezialist für öllösliche Substanzen. Seine Vitamin-A-Emulsionen erwiesen sich schon bald den damals üblichen öligen Vitamin-A-Präparaten überlegen. Das Vitamin A war in Fettkarpuskeln, in Liposomen, eingebracht, die hervorragend resorbiert wurden.

Als Wolf 1959 Haubold und mich in New York traf, wollte er Haubold für eine Zusammenarbeit gewinnen. Wäre es nicht möglich, auch seine Enzymmischung in die Liposomen der Emulsion einzubringen und in den Körper einzuführen? Doch das gemeinsame Abendessen in Wolfs New Yorker Haus wurde zu einem Desaster. Während ihm Wolf von seinem neuen Enzymmittel erzählte, schlief Haubold ein. Er hatte zu viel Wein getrunken. Tief gekränkt warf Wolf seine Gäste hinaus. Diese Reaktion beleidigte Haubold wiederum. Von Wolf wollte er nichts mehr wissen. Ganz im Gegensatz zu mir. Ich war von den Schilderungen über das neue Enzymmittel fasziniert.

Ich bat so lange um eine zweite Begegnung, bis Wolf mich noch einmal empfing. Die Chemie zwischen uns stimmte auf Anhieb. Wolf gab mir sogleich einen Forschungsauftrag mit nach München. Ich sollte die Resorption von WoBe bei Ratten untersuchen. In den kommenden Jahren verstärkte sich die Zusammenarbeit zwischen uns. Das Problem war: Haubold. Ihm gehörte die Mucos, und er wollte mit Wolf nach wie vor nichts mehr zu tun haben. Als Haubold 1963 seine Firma verkaufen wollte, griff ich zu. Mit Geld, das Freunde und Wolf mir liehen, übernahm ich die Mucos. Ab 1964 hatte ich die Möglichkeit, das Schicksal der Firma voll auf die therapeutische Nutzung der Enzyme auszurichten.

Zu diesem Zeitpunkt waren viele Weichen schon gestellt. Die Mucos hatte inzwischen eine besonders haltbare und wirksame Darreichungsform für WoBe entwickelt. Die Wiener Firma Sanabo hatte die Enzyme zunächst sterilisiert, dann in einer wäßrigen Lösung tiefgefroren. Im gefrorenen Zustand wurde danach das Wasser herausgedampft. Durch diese Technik („Lyophilisierung") entstand ein trockenes Pulver, das nun sowohl für die intramuskuläre, intratumorale Injektion als auch für eine Infusion in die Pleura- und Bauchhöhle geeignet war.

Am 13. Januar 1963 bekam ich die Zulassung des deutschen Bundesgesundheitsamtes für WoBe. Wir hatten damit die Erlaubnis, das Präparat herzustellen und zu vertreiben. Zu Beginn unserer Zusammenarbeit konzentrierten wir unsere Bemühungen auf die Enzymbehandlung von Krebs. Heute, nach beinahe dreißig Jahren, werden allein in Deutschland jährlich mehr als 50.000 Krebspatienten mit diesen Enzymgemischen behandelt. Das Mittel wird vor allem zur Verminderung der Nebenwirkungen der klassischen Behandlungsarten – Strahlen- und Chemotherapie – mit großem Erfolg eingesetzt; auch als zusätzliches Therapeutikum in der Prophylaxe von Relaps und Metastasen in der Nachbehandlung hat es sich bewährt.

Unterstützung im Kampf gegen den Tumor

Wie wirkt WoBe gegen Krebs? Eine Erkenntnis, die sich bei den Ärzten und Forschern eigentlich noch gar nicht so lange durchgesetzt hat, ist, daß das Krebsgeschehen ganz entscheidend mit der Qualität der körpereigenen Abwehr, dem Immunsystem, zu tun hat. Um es deutlich zu machen: Die Krebszelle wird dann gefährlich, wenn es ihr gelingt, das Immunsystem austricksen oder ihm zu entkommen. Dabei wird das Immunsystem durch das Krebsgeschehen überspielt und geschwächt – so kann sich die Krebskrankheit weiter ausbreiten.

Nicht nur, daß sich Krebszellen hinter Anlagerungen des Bluteiweißes Fibrin verbergen, so daß sie von den Antikörpern nicht mehr aufgespürt werden können. Die Antigene der malignen Zellen verbinden sich massenhaft mit Antikörpern zu ,,Immunkomplexen" in derart großer Zahl, daß sie von den Makrophagen nicht mehr alle vernichtet werden können. Und um es noch schlimmer zu machen: Diese an Gewebe angelagerten Immunkomplexe hemmen zusätzlich die Abwehrreaktion des Körpers. Eine gefährliche und oft tödliche Kausalkette kommt in Gang. Dadurch entstehen Entzündungen, die wiederum mit verstärkter Fibrinbildung einhergehen. Fibrin, hinter dem sich die Tumorzellen noch besser verstecken können.

Die Enzymtherapie mit WoBe wirkt hier auf verschiedenen Ebenen. WoBe wirkt fibrinolytisch – es löst das Fibrin auf. Zudem kurbelt WoBe die Freßlust (Phagozytose) der Makrophagen wieder an. Dadurch werden mehr TNF und der zelluläre Botenstoff Interleukin gebildet. Krebszellen werden auf diese Weise selektiv zerstört, und die körpereigene Abwehr kommt auf die Beine. Daß WoBe wirklich die Makrophagen zur vermehrten Bildung des TNF anregt, haben kürzlich Untersuchungen der Forscherin Dr. Lucia Desser an der Universität in Wien belegt.

Bereits 1970 faßten Wolf und ich unsere bisherigen Erfahrungen bei der Krebsbehandlung in dem Buch „Enzymtherapie" (erschienen im Maudrich Verlag, Wien) zusammen. Die dort zitierten Stellungnahmen von Krebsspezialisten, die mit WoBe behandelten, ergeben ein eindeutiges Bild. Es hatte sich gezeigt, daß WoBe das Risiko der Bildung von Metastasen vermindern konnte. „Es war für mich sehr überraschend", schreibt Wolf in diesem Buch, „daß es so überaus schwierig ist, eine neue Behandlungsmethode bei Krebs zur allgemeinen Anerkennung zu bringen, auch wenn der Erfolg der Methode offensichtlich und eindeutig nachgewiesen war. Bei vielen Klinikern besteht eine präformierte Einstellung und Gesinnung gegen eine neue und wirksame Behandlungsmethode, die nur sehr schwer zu überwinden war."

Haupteinwand vieler orthodoxer Krebsforscher war, daß die großen Enzymmoleküle schon deshalb nicht wirksam sein konnten, weil sie gar nicht durch die Darmwand in die Blutbahn gelangen, also vom Körper gar nicht resorbiert werden konnten. Inzwischen ist in zahlreichen Studien nachgewiesen, daß großmolekulare Stoffe im Körper durchaus resorbiert werden. Dies hat zum Beispiel Professor Seifert von der Chirurgischen Universitätsklinik in Kiel an Ratten, Hunden und Menschen gezeigt. Die Enzyme gelangen tatsächlich in aktiver Form (nicht zerkleinert) durch die Darmwand in die Blutbahn.

Der Leiter der Krebsforschung der Bayer AG, Professor Grundmann (heute der Leiter der Abteilung Pathologie an der Universität Münster), konnte zeigen, daß dieses Mittel – es handelt sich dabei um das proteolytische Enzym Asparaginase – gute Ergebnisse bei der Bekämpfung einer Leukämieart brachte. Nachdem eine so bedeutende Firma wie Bayer die Asparaginase mit dem Anspruch auf Wirksamkeit durchgesetzt und eingeführt hatte, war es für uns bedeutend leichter geworden, die Skepsis vieler orthodoxer Krebsforscher zu überwinden.

Dennoch, der wirkliche Durchbruch für WoBe gelang nicht bei der Therapie maligner Tumore, sondern auf ganz anderen Gebieten. Insbesondere ist hier die Therapie des „postthrombotischen Syndroms" zu nennen. Damit werden jene Beschwerden bezeichnet, die im Zusammenhang mit einer chronischen Beinvenenthrombose stehen. Millionen von älteren Frauen leiden an diesem Syndrom, das mit Schwellungen und Schmerzen in den Beinen und einer starken Gehbehinderung verbunden sein kann. Mit herkömmlichen Präparaten waren meist nur unbefriedigende Behandlungsergebnisse zu erzielen. Die chronische Erkrankung war kaum zu lindern. Die Resultate mit WoBe waren dagegen hervorragend. Die Heilungsergebnisse waren für Arzt und Patienten so überzeugend, daß WoBe bei dieser Indikation sehr schnell zum Therapeutikum der Wahl avancierte. Einzig und allein die staatlichen Krankenkassen weigerten sich, die Wirksamkeit von WoBe zur Kenntnis zu nehmen und eine entsprechende Enzymtherapie zu honorieren. Ich mußte Hunderte von Prozessen führen, um in jedem Einzelfall die Kassen zur Zahlung der Therapie zu bewegen. Ich gewann alle Prozesse, und vor zwei Jahren gewann ich auch das Einverständnis der Kassen. Sie erklärten sich schließlich doch bereit, die Honorierung von WoBe bei der Behandlung des postthrombotischen Syndroms zu übernehmen.

Erstaunlicherweise hat sich WoBe, das einstige Wundermittel eines New Yorker High Society Arztes, bei einer Vielzahl von Indikationen als hervorragendes Therapeutikum bewährt. Die Liste der Krankheiten, bei denen Wolfs Enzymmischung gute bis hervorragende Ergebnisse bringt, reicht von Entzündungen über Verletzungen bis zu gutartigen Tumoren in der weiblichen Brust.

Gerade bei entzündlichen Erkrankungen haben sich die Enzymgemische bestens bewährt. Der Grund: Enzyme unterstützen das Immunsystem, den zentralen Abwehrmechanismus unseres Körpers. Die Immunabwehr ist ein hochkomplizierter Vorgang. Verschiedene Zelltypen, Moleküle und Enzyme, wirken – quasi in einer konzertierten Aktion – zusammen. Funktioniert die ausgefeilte Teamarbeit nicht richtig, können ernste chronische Erkrankungen entstehen.

Eine wichtige Rolle bei solchen Erkrankungen spielen die bereits erwähnten Immunkomplexe. Sie entstehen, wenn das Immunsystem Fremdkörper (z. B. Bakterien), die in den Körper eingedrungen sind, mit spezifischen Waffen, den Antikörpern, bekämpft. Diese greifen den Eindringling an, heften sich an ihn und lähmen ihn. Auf diese Weise entstehen Brocken aus Antikörpern und Fremdkörpern – eben die Immunkomplexe. Normalerweise werden diese Brocken von den Makrophagen aufgenommen und entsorgt. Fallen aber zuviele Immunkomplexe an – etwa beim Multiplen Myelom, wo ständig Antikörper einer bestimmten Sorte gebildet werden – oder sind die körpereigenen Enzyme nicht auf der Höhe, bleiben die Immunkomplexe im Körper. Sie verschmutzen ihn und können sich im Gewebe ablagern. Diese Immunkomplexe machen krank. Sie aktivieren nämlich bestimmte Bluteiweiße (Komplementproteine), die schlimme Entzündungen verursachen. Auch zellzerstörende Immunzellen starten einen Angriff auf das mit den Immunkomplexen „markierte" Gewebe. Fast immer entstehen dann chronisch-entzündliche Erkrankungen.

Ein weiteres Problem: Manchmal richtet sich die Immunabwehr gegen den eigenen Organismus. Bei diesen „Autoimmunerkrankungen" wird körpereigenes Gewebe irrtümlicherweise als fremd erkannt und wie ein Feind mit Antikörpern oder speziellen Immunzellen bekämpft. Es entstehen ständig große Mengen an Immunkomplexen, die sich im Gewebe ablagern und schwere Entzündungen hervorrufen. Wissenschaftler glauben, daß Krankheiten wie Rheuma oder Multiple Sklerose durch solche Autoimmunphänomene verursacht werden.

Enzyme wie WoBe können helfen – und das gleich in mehrfacher Hinsicht. Einerseits lösen sie die krankmachenden Immunkomplexe vom Gewebe, spalten sie und hemmen ihre Neubildung. Andererseits wird verhindert, daß die verbliebenen Immunkomplexe Schaden anrichten. Enzyme unterbinden nämlich deren Kontakt mit dem Komplementsystem – und damit den Auslöser des eigentlichen Entzündungsvorgangs.

Doch WoBe kann noch mehr. Wahrscheinlich sogar viel mehr. WoBe wirkt möglicherweise auch als antivirales Medikament, wirkt möglicherweise bei Aids. Schon Wolf war davon überzeugt, daß seine Enzymmischung auch Viren bekämpfen könne. Er glaubte allerdings, daß die Enzyme das Virus direkt angreifen und auflösen. Diese Vermutung hat sich als falsch erwiesen. Der Mechanismus ist anders, ist raffinierter – und ist vielleicht gerade deshalb für die Bekämpfung von Aids von überragender Bedeutung.

Längst hat sich die Aidsforschung von liebgewonnenen, aber allzu einfachen Vorstellungen über das Entstehen des Immunschwächesyndroms verabschiedet. Es ist nicht mehr das Virus (HIV) alleine, das heute für den Zusammenbruch der körpereigenen Abwehr verantwortlich gemacht wird.

Vielmehr ist es wohl so, daß Aids in gewisser Weise eine Autoimmunkrankheit ist.

Seit der Entdeckung des HIV durch Montagnier war die entscheidende Frage: Wie schafft es das Virus, obwohl es nur in jeder 100.000sten Lymphozyten-Zelle (T-Helferzelle) eines Aids-Patienten zu finden ist, wie schafft es dieses Virus, über 80 Prozent eben dieser T-Helferzellen zu zerstören? Die Antwort: Das Virus zerstört diese für die körpereigene Abwehr so wichtigen Zellen überhaupt nicht. Der Körper zerstört sie selbst.

Es sind die Immunkomplexe, in diesem Fall also die Verbindungen von HIV-Antikörpern und Antigenen, die fatalerweise an die Oberfläche (die CD4-Rezeptoren) der Helferzellen und Makrophagen andocken. Für das Immunsystem sind nun auch diese Zellen Fremdkörper, die es zu vernichten gilt. Eine enzymatische Kettenreaktion (die Komplementkaskade) führt schließlich dazu, daß mit dem Immunkomplex auch die Helfer- und Freßzellen zerstört werden. Enzyme, das konnten viele Studien belegen, verhindern nun genau jenes so fatale Andocken der Immunkomplexe an diese Zellen. Und noch etwas erreicht WoBe – es steigert die Freßlust (Phagozytose) der Makrophagen – es aktiviert sie im Kampf gegen die Immunkomplexe.

Andere phagozytierende Zellen (Granulozyten) werden dagegen durch Enzyme gehemmt. Doch auch dieser Effekt ist therapeutisch nutzbar. So könnte möglicherweise der lebensgefährliche septische Schock, der nach Operationen auftreten kann, auf diese Weise verhindert werden.

Weltweit laufen derzeit großangelegte klinische Untersuchungen (etwa in der Columbia Universität in New York), die den Wirkmechanismus der Enzyme bei Aids überprüfen. Einen der ersten Tests hat der Münchner Aids-Experte Dr. Hans

Jäger durchgeführt. Bei Patienten, die er mit WoBe behandelte, konnten tatsächlich viele der Symptome der Immunschwächekrankheit zurückgedrängt werden. Die Patienten nahmen deutlich an Gewicht zu. Sie hatten weniger Depressionen. Die opportunistischen Infektionen, also genau die Infektionen, die für den Aids-Patienten letztlich tödlich sind, traten seltener auf – und, ganz entscheidend: Der Verfall der T-Lymphozyten konnte in einigen Fällen nicht nur verlangsamt, sondern auch gestoppt und rückgängig gemacht werden.

Wolf hätte sich sicher gefreut, wenn er hätte erleben können, daß die Enzymtherapie bei der Behandlung von Virusinfektionen eine so wesentliche Bedeutung erlangt hat.

Ein weiterer Bereich der Medizin, aus dem Enzyme nicht mehr wegzudenken sind, ist die Traumatologie. Jede Verletzung ist mit einer lokalen Entzündung verbunden – ganz gleich, ob es sich um eine offene Wunde, um einen Bluterguß, eine Prellung oder eine Zerrung handelt. Enzyme bewirken, in Kooperation mit dem Immunsystem, daß die Durchblutung im Wundbereich verbessert wird und die Entzündung schneller abklingt. Dadurch heilt die Wunde schneller, Blutergüsse bilden sich zurück und Schwellungen (Ödeme) verschwinden.

Die Sportmedizin kommt ohne Enzyme nicht mehr aus. So vernünftig körperliche Betätigung auf der einen Seite ist: Falscher Ehrgeiz bei Hobbysportlern und chronische Überbelastungen im Leistungssport haben andrerseits zu einem dramatischen Anstieg von Sportverletzungen geführt. Erfahrene Sportärzte setzen auf Enzymgemische. Verletzungen heilen nämlich unter einer Enzymtherapie doppelt so schnell wie unbehandelt. Manche Sportler nehmen Enzyme deshalb sogar prophylaktisch ein. Dadurch kann das Verletzungsereignis selbst zwar nicht verhindert werden. Die nachfolgende entzündliche Reaktion wird aber von vornherein gedämpft. Der Sportler ist schneller wieder auf den Beinen.

Die Enzymtherapie stößt selbst in Gebiete vor, die sich der traditionellen medizinischen Behandlung noch verschließen. Ein Beispiel: die Alzheimersche Krankheit. Bei dieser Erkrankung kommt es zu Eiweißablagerungen im Gehirn, die letztendlich zur Zerstörung von Nervengewebe führen. Leider sind diese Ablagerungen sehr hartnäckig und lassen sich durch körpereigene Enzyme nicht auflösen. Wolfsche Enzymgemische scheinen hier – so zeigen erste Untersuchungen – erfolgreicher zu sein.

Den vorzeitigen Alterungsprozeß stoppen

Schon zu Max Wolfs Lebzeiten zeichneten sich viele Anwendungsmöglichkeiten für seine Enzymgemische ab. Doch gab es ein Thema, das ihm immer besonders am Herzen lag: der Zusammenhang zwischen dem Alterungsprozeß und der Versorgung mit Enzymen.

Max Wolf sagte wiederholt: ,,Das frühzeitige Altern mit all seinen Folgen ist im wesentlichen Enzymmangel." In seinen vielen Veröffentlichungen (und speziell in seinem Buch ,,Enzymtherapie", Maudrich Verlag, Wien 1970) legte er seine Forschungsergebnisse und Schlußfolgerungen dar. Sie belegen, daß das zentrale Element bei den meisten Alterserkrankungen ein Enzymmangel ist oder die Störung des wichtigen Gleichgewichtes physiologischer Regelmechanismen in unserem Körper, die nur dann funktionieren, wenn der Enzymhaushalt des Körpers in Ordnung ist.

Am gründlichsten untersucht ist sicherlich der Zusammenhang zwischen Gefäßerkrankungen und Enzymmangel.

Max Wolf (rechts) mit seiner ersten Frau Edith (2. v. rechts), Frau Dr. Heuer und Prof. Haubold im Englischen Garten in München.

Zwischen der Blutgerinnung und der Wiederauflösung von Blutgerinnseln besteht ein lebenswichtiges Gleichgewicht, welches von vielen Enzymen in Funktion gehalten wird. Wird dieses Gleichgewicht gestört, kommt es entweder zu unstillbaren Blutungen, Hämatomen, oder aber – was bei älteren Menschen sehr viel häufiger ist – zu Thrombosen, Entzündungen, Herzinfarkten oder Lungenembolien.

Mehr als 350.000 Todesfälle sind alleine in Deutschland jedes Jahr auf Krankheiten zurückzuführen, bei denen ein Enzymmangel zur exzessiven Blutgerinnselbildung beiträgt. Dies sind mehr als die Hälfte aller Todesfälle in Deutschland.

Ein großer Teil davon sind Herzinfarkte, bei denen in den

Koronaradern des Herzmuskels Blutgerinnsel entstehen. Diese schneiden Teile des Herzmuskels von der Blutversorgung ab, so daß ein Teil des Herzens abstirbt, eine Thrombose entsteht. Sehr häufig führt diese Komplikation zum Tod. Natürlich ist an diesem Vorgang auch ein hoher Cholesterin-Spiegel beteiligt. Auch das Rauchen, Übergewicht und die Zuckerkrankheit vieler älterer Menschen erhöhen die Wahrscheinlichkeit, einen Infarkt zu erleiden.

Aber all diese Faktoren führen letztlich nicht zum Herzinfarkt, wenn nicht gleichzeitig eine erhöhte Neigung zur Bildung von Blutgerinnseln aufgrund eines Enzymmangels besteht. Solange die Enzyme im Blut aktiv genug sind, werden das Cholesterin, die Fette und auch das Bluteiweiß, das sogenannte Fibrin, wieder von der Gefäßwand abgeschwemmt und aufgelöst. Ohne deren Ablagerung kann es nicht zu einem Infarkt kommen.

Damit ein Blutgerinnsel entstehen kann, müssen sich die Blutplättchen (Thrombozyten) an die Gefäßwand anheften und einen Stoff freisetzen, der das Blut zum Gerinnen bringt. Diesem Vorgang wirkt das körpereigene Enzym Plasmin entgegen, welches im Blut ständig vorhanden ist und dafür zu sorgen hat, daß das Blut nicht gerinnt.

Plasmin wird von bestimmten Zellen in der Gefäßinnenwand aktiviert. Diese Zellen sind sehr wichtig, um die Gerinnselbildung zu verhindern. Bei einem jungen Menschen hat jede 200ste Gefäß-Innenwandzelle die Fähigkeit, das Enzym zu aktivieren, welches die Blutgerinnung verhindert bzw. geronnenes Blut wieder auflöst. Je älter wir werden, um so weniger Zellen sind in der Lage, Plasmin zu aktivieren. Bei einem 70jährigen ist im allgemeinen nur mehr jede 2000ste Zelle der Gefäßinnenwand in der Lage, dieses Enzym zu aktivieren und damit die Blutgerinnung zu verhindern.

Je weniger Zellen diese Fähigkeit haben, desto größer wird die Wahrscheinlichkeit, daß sich ein Blutgerinnsel bildet und ein Infarkt entsteht. Die gerinnselverhindernden Enzyme werden auch durch viele andere Vorgänge und besondere Lebensweisen gehemmt oder aktiviert.

Eine enzymaktivierende Rolle hat zum Beispiel Sport, insbesondere aufbauender Sport (Spazierengehen, Jogging, Radfahren, Schwimmen, etc.), während das Rauchen, Bewegungslosigkeit, zu hoher Blutzucker, fettes Essen und auch ein zu hoher Cholesterinspiegel die Bildung von Blutgerinnseln am Gefäß begünstigen und gewissermaßen verursachen. Dies ist eine der wichtigsten Gründe, warum beim Menschen mit Herzinfarkt- und Arterioskleroserisiko diese Faktoren erhöht sind.

Mit zunehmendem Lebensalter treten die Risikofaktoren immer häufiger auf. Und je mehr dieser Faktoren zusammenwirken, um so höher ist das Risiko, einen Herzinfarkt oder eine Thrombose zu erleiden.

Mit der Steigerung der Enzymaktivität, wie zum Beispiel durch Bewegung oder durch Enzymbehandlung, können ältere Menschen diesen Risiken entgegenwirken. Notwendig dazu ist es, viel Bewegung zu haben, z.B. eine Stunde am Tag eine der vorgenannten Sportarten zu betreiben, das Gewicht zu reduzieren, den Blutzucker zu vermindern, das Rauchen einzustellen und nach Möglichkeit Medikamente einzunehmen – insbesondere Enzympräparate, die den Enzymspiegel im Blut erhöhen.

Bei den meisten Menschen tritt nicht gleich ein Herzinfarkt auf. Sie bekommen allmählich Veränderungen in der Arterienwand der Herzkranzgefäße, aber auch der Arterien in anderen Teilen des Körpers. Wenn die Enzyme nicht mehr in der Lage sind, das Cholesterin und die kleinen Blutgerinnsel von der Gefäßwand abzuschwemmen, kommt es zur Ablagerung, zur Bildung sogenannter Milchstreifen.

Die Fette und der Blutklebstoff (Fibrin) wandern auch zwischen die Zellen des Gefäßes in die tieferen Schichten der Gefäßwand ein. Es kommt zu einer Verdickung der Wand, vielleicht auch zu Läsionen, d.h. zu kleinen Wunden. Dies wiederum beschleunigt den Vorgang der Erkrankung der Gefäßwand – es entsteht die gefürchtete Arteriosklerose.

Es entwickeln sich Durchblutungsstörungen, die sich beispielsweise als Raucherbein, offene Beine am Unterschenkel, Schwellung am Unterschenkel und den Fesseln oder aber als Herzschmerzen, den sogenannten herzischämischen Attacken, oder als hirnischämische Attacken äußern. Auch der Hirnschlag und die Angina pectoris der älteren Bevölkerung sind weitere Folgen des gleichen Krankheitsgeschehens.

Seit längerem sagen uns die Ärzte, wir sollten dieser Entwicklung durch Veränderung der Lebensweise entgegenwirken. In den Schriften wird hauptsächlich das Cholesterin, insbesondere das ,,schlechte" Cholesterin (LDL), als Ursache für die Gefäßerkrankung genannt. Eine Umstellung der Ernährung, die Verringerung von Körpergewicht, Verminderung des Blutzuckers durch Veränderung der Lebensweise und Bewegung tragen dazu bei, das Cholesterin zu senken.

Es wird aber dabei meist vergessen, daß die gleichen Veränderungen der Lebensweise zu einer Aktivierung der Enzyme im Blut führen, wodurch der Ablagerung von Cholesterin entgegengewirkt wird. Gleichzeitig wird die Gerinnselbildung durch die Aktivierung des körpereigenen Enzyms, des Plasmins, und durch dessen Hemmung der Blutplättchen, die für die Anlagerung des Fibrins, des Blutklebstoffs, verantwortlich sind, bewerkstelligt.

Die Neigung, schon früh an solchen Gefäßerkrankungen

zu leiden, kann auch genetisch bedingt sein. Ein Hinweis auf eine solche Gefährdung ist nicht nur das erhöhte Cholesterin, die Blutfette und gegebenenfalls das Lipoprotein A, sondern eben auch eine zu schwache Enzymaktivität oder Gefäßzellen mit der verminderten Fähigkeit, das Blutenzym Plasmin zu aktivieren. Den Ärzten stehen heute Möglichkeiten zur Verfügung, schon relativ frühzeitig im Leben das Risiko für eine solche Entwicklung abzuschätzen.

Gehört man zu den Gefährdeten, ist es durch eine besondere Lebensweise und auch durch eine Behandlung mit Enzympräparaten oder mit Salizylsäurepräparaten möglich, diesem Risiko ständig entgegenzuwirken, so daß das Risiko ähnlich niedrig ist wie bei jemandem, der von vornherein nicht genetisch zu den Prädisponierten zählt.

Die Salizylsäurepräparate hindern die Blutplättchen daran, den Blutklebstoff Fibrin an das Gefäßendothel abzulagern. Es sind sogenannte Blutplättchen-Aggregationshemmer. Es gibt keinen Zweifel daran, daß mit einer solchen Dauerbehandlung dem Risiko des Herzinfarktes und der Arterioskleroseentwicklung vorgebeugt werden kann. Diese Salizylsäurepräparate sind jedoch mit einem recht erheblichen Risiko für die Entstehung von Schleimhauterkrankungen des Magens und des Darmtraktes verbunden.

Nur ein Teil der Patienten kann diese Präparate auf lange Zeit hin gut vertragen. Viele müssen wegen dieser Nebenwirkungen die Einnahme abbrechen. Enzymkombinationen verursachen keine solchen Nebenwirkungen für die Schleimhaut des Magens und des Dünndarms. Sie werden bestens vertragen und können über sehr viele Jahre eingenommen werden. In Deutschland alleine sind es mehr als eine Million Patienten, die laufend oder auch nur vorübergehend mit Enzymgemischen behandelt werden.

Max Wolf (2. v. rechts) und Karl Ransberger (links) bei einer Talkshow zum Thema Enzymtherapie im amerikanischen Fernsehen.

Dies geschieht nicht nur, um die Entstehung solcher Gefäßerkrankungen zu verhindern, sondern in erheblichem Umfange auch, um bereits bestehende Gefäßerkrankungen zur rascheren Abheilung zu bringen oder den Krankheitsverlauf zu verkürzen.

Eine der besonders schwerwiegenden Gefäßerkrankungen ist das sogenannte postthrombotische Syndrom. In Deutschland leiden deutlich mehr als eine Millionen Menschen daran. Es tritt vor allem bei älteren Menschen, besonders häufig bei älteren Frauen, auf, die einen stehenden Beruf haben.

Bei ihnen kann es zur Entstehung einer Thrombose kommen, in deren Folge nach zwei Monaten bis zu einem Jahr danach diese Komplikation auftritt. Diese Menschen klagen über schwere Beine, über Schmerzen, über Spannungsgefühl.

Sie können oft nicht mehr richtig laufen. Die meisten Patienten leiden daran über viele Jahre. Sie werden mit allen möglichen Präparaten behandelt. Das Behandlungsergebnis ist meist sehr unbefriedigend und enttäuschend. Dagegen hat sich die Enzymbehandlung bestens bewährt.

In einer Reihe von klinischen Untersuchungen wurde die Wirkung dieser Enzymbehandlung auf den Krankheitsverlauf gemessen. Messen kann man dabei die Fähigkeit des Blutes, ungehindert durch die Gefäße zu strömen. Dies kann man mit einem Ultraschallgerät kontrollieren, aber auch die Schwellung und die subjektiven Beschwerden der Patienten sind Maßstäbe für die Wirksamkeit einer solchen Behandlung.

Die Enzyme verringern das Spannungsgefühl und die Schmerzen, sie verbessern die Durchblutung, Ödeme werden bei fast allen Patienten erheblich vermindert, die Wirkung hält über lange Zeit an und kann wohl durch eine Dauerbehandlung permanent erhalten werden. Solche Untersuchungen wurden durchgeführt von Professor Dr. Mörl, Chefarzt der Inneren Abteilung am Diakonissen-Krankenhaus in Mannheim, von Professor Dr. Denck im Gefäßchirurgischen Zentrum des Krankenhauses Wien-Lainz, von Professor Dr. Gall an den Chirurgischen Krankenanstalten der Universität Erlangen, von Professor Dr. Rokitansky am Boltzmann-Institut in Wien und nicht zuletzt auch von Professor Max Wolf, dem eigentlichen Erfinder und Entwickler der Enzymtherapie bei arteriellen und venösen Gefäßerkrankungen des Alters.

Er war überzeugt davon, daß man das Gesamtproblem der Gefäßerkrankungen des Alters durch eine vernünftige Lebensweise und durch eine sinnvolle Enzymtherapie ab einem gewissen Alter auf ein geringes Maß verringern kann. Er war fest davon überzeugt, daß man den meisten älteren Menschen dadurch eine zusätzliche wertvolles Lebenszeit von mindestens fünf Jahren, vielleicht sogar von zehn Jahren, schenken kann.

Bereits 1960 fing er damit an, eine größere Zahl seiner älteren Patienten nach dieser Methode zu behandeln. Er verordnete eine sinnvolle Lebensweise, eine Diät, die das Körpergewicht normalisiert, und die Verminderung des erhöhten Blutzuckers. Auch verbot er das Rauchen sowie Kaffee und Tee im Übermaß. Die Patienten sollten die tierischen Fette auf ein Minimum reduzieren, möglichst wenig Schweine- und Rindfleisch essen, viel Fisch, sehr viel rohe Früchte und Gemüse. Außerdem sollten sie sich täglich ein bis zwei Stunden intensiv bewegen, je nach Alter und körperlicher Verfassung. Wolf regulierte den Stuhl mit einer entsprechenden Diät, und wenn das nicht ausreichte, verlangte er, daß die Patienten mit einem Klistier von ein bis zwei Litern Wasser den Dickdarm reinigten.

Er verordnete eine ausgewogene Versorgung mit Vitaminen und Mineralstoffen und insbesondere hohe Dosen von Vitamin A und E sowie seine Enzymkombinationen, jeweils morgens und abends. Die Patienten kamen einmal im Jahr zu einer gründlichen Untersuchung und sonst nur dann, wenn Beschwerden dazu Anlaß gaben. Er registrierte sorgfältig alle entstehenden Krankheiten und Befindlichkeitsstörungen. Bei den Verstorbenen verlangte er eine gründliche Untersuchung der Todesursache. Er selbst hielt sich auch an seine Vorschriften und Behandlung. Er war begeistert von dem Resultat seiner Behandlung der Mitglieder seines Altersclubs.

Er war davon überzeugt, daß er damit seinen Patienten sehr viel besser zu einem längeren und lebenswerteren Leben verhelfen würde als mit irgendwelchen anderen Methoden. Er war sich seinerzeit noch nicht so recht bewußt, daß seine Enzymbehandlung auch eine besonders günstige Wirkung auf das Immunsystem haben würde. Eine Tatsache, die erst nach seinem Tod durch umfangreiche Forschung bekannt wurde.

Natürlich war seine Untersuchung aus der Sicht der Statistik und der wissenschaftlichen Medizin ohne endgültige Aussagekraft. Er hatte alle Patienten mit der gleichen Methode behandelt, so daß ein Vergleich zu einer Kontrollgruppe, wie es bei klinischen Untersuchungen vorgeschrieben ist, nicht gegeben war.

Er wollte auch nur für sich selbst wissen, wie weit er mit seiner Methode das Schicksal seiner Patienten verbessern konnte. Er selbst war bis kurz vor seinem Tode geistig rege und körperlich fit. Er arbeitete 14 bis 16 Stunden pro Tag, und das sieben Tage in der Woche. Die Ausübung seines Berufes und die Hilfe, die er seinen Patienten angedeihen lassen konnte, bedeuteten ihm mehr als alles andere.

Max Wolf (2. v. links) bei seinem Besuch im „Weißen Haus" im Beisein von Senator Senese (rechts).

Inzwischen zählt die Enzymtherapie auch zu den besonders wirksamen Methoden der Krebsbehandlung. Verwendet werden verschiedene Enzyme wie Trypsin – ein wichtiges regulatorisches Enzym bei vielen Lebensvorgängen –, Chymotrypsin, Bromelain, Papain, die Asparaginase und die Neuramidase. Jedes dieser Enzyme hat sich als wirksam in besonderer Weise und bei bestimmten Krebsarten erwiesen. Am wirksamsten sind Kombinationen von Enzymen.

Den Krebs auf natürliche Weise behandeln

Vor etwa 50 Jahren, als es noch keine Antibiotika, kein Kortison und auch kaum fiebersenkende Mittel gab, war der Genesungsprozeß eines kranken Menschen noch ziemlich einfach. Fast jeder erkrankte ein- bis zweimal im Jahr an einem grippalen Infekt oder einer Erkältung. Es lief die Nase, Husten, Fieber und Krankheitsgefühl quälten die Befallenen für einige Tage, man blieb im Bett, schwitzte, und kurze Zeit danach fühlte man sich wieder wohl. Heute wissen wir, daß dieses Kranksein die Hauptsache dafür war, daß die Betroffenen kaum je an Krebs erkrankten.

Zu Beginn einer Erkältung geht von den Bakterien oder den Viren ein Signal an die körpereigenen Abwehrkräfte: „Alarm! Alle Abwehrkräfte mobilisieren und den Feind bekämpfen!" In erster Linie werden dabei die Freßzellen (Makrophagen) aufgerufen, sofort mobil zu machen.

Man weiß heute genau, daß die Bakterien oder Viren einen Signalstoff enthalten: das Endotoxin, ein winzigkleines Peptidmolekül, welches den Makrophagen signalisiert, sofort in Aktion zu treten und große Mengen des Tumornekrosefaktors (TNF) und anderer Abwehrstoffen zu bilden und freizusetzen,

Max Wolf (links) beim „Heurigen" in Wien mit Primarius Kretz, dem Präsidenten der Österreichischen Krebsgesellschaft.

um damit die Bakterien und Viren anzugreifen. Dieser Vorgang ist heute gründlich untersucht und im Detail bekannt.

Diese Abwehrstoffe, vor allem der TNF, sind auch die Ursache für das Fieber und das Krankheitsempfinden und für die Freisetzung weiterer Entzündungsstoffe. Das Fieber und das Krankheitsgefühl wird weniger von den Viren oder von den Bakterien, sondern von den körpereigenen Abwehrstoffen verursacht. Der Körper richtet damit seine gesamte Energie auf die Ausschaltung der Krankheitsursache. Und, was dabei besonders wichtig ist, die Freisetzung dieses TNF zerstört auch alle gegebenenfalls im Organismus vorhandenen Krebszellen.

Der Körper wird gewissermaßen durch den TNF von den Krebszellen freigeputzt, so daß nach Abklingen der Erkältung keine Tumorzellen mehr im Körper vorhanden sind. Auch solche Zellen, die von Viren befallen sind und chronische Krankheiten erzeugen könnten, werden bei solcher Gelegenheit vom TNF zerstört und eliminiert. Nach wenigen Tagen Fieber und dem Gefühl der Schlappheit erholt sich der Körper wieder. Er ist jetzt wieder völlig gesund und von den „dormanten" oder „schlafenden Krebszellen" befreit. Die vehement ablaufende Erkältungsperiode mit Fieber, Schwitzen, Mattigkeit und Krankheitsgefühl ist für die Elimination der Krebszellen verantwortlich.

Heute lassen wir uns schon bei Ausbruch einer Erkältung mit Antibiotika, entzündungsunterdrückenden und fiebersenkenden Medikamenten behandeln. Wir „kupieren" damit die Erkältung, verhindern die Symptome und – leider – auch die Freisetzung dieser Stoffe aus den Makrophagen, wie den TNF, der die Krebszellen in unserem Körper umbringen könnte. Die Tumorzellen bleiben in unserem Körper und wachsen weiter. Sie können sich bei schwacher Abwehrqualität so lange vermehren, bis eine Krebskrankheit entsteht, deren fürchterliche Folgen uns allen bekannt sind. Je älter wir werden, um so weniger sind die Makrophagen in der Lage, genügend TNF und Enzyme auszuschütten, um die Viren, Bakterien und auch die Krebszellen zu eliminieren.

Diese Erkenntnis ist nicht neu. Bereits im Jahre 1907 veröffentlichte der New Yorker praktische Arzt Dr. Cooley, daß seine Krebspatienten dann besser überlebten oder häufiger Krebsrückbildungen zeigten, wenn sie neben ihrem Krebs gleichzeitig an bestimmten bakteriellen Infektionen erkrankten.

Diese Erkenntnis führte ihn dazu, seine Krebspatienten dadurch zu behandeln, daß er ihnen solche Infektionen bewußt übertrug. Er übertrug Bakterieninfektionen bestimmter

Max Wolf in späten Jahren

Art, z.B. das Erysipel, eine schlimme Streptokokkeninfektion, und stellte fest, daß bei vielen der Patienten dadurch die Krebsgeschwulste zurückgingen und die Patienten entweder länger lebten oder sogar völlig gesund wurden. Er entwickelte eine solche Bakterienkultur, die er seinen Patienten spritzte. Sie wurde bekannt unter dem Namen Cooley-Vakzine.

Viele der damaligen Krebsforscher an den Hochschulen hielten die Cooley-Vakzine für einen Blödsinn. Sie beschimpften Cooley als Scharlatan und Quacksalber, und seine Therapie geriet wieder in Vergessenheit. Die Tochter Cooleys, die heute noch lebende Frau Dr. Cooley-Naughts, ließ jedoch die Sache nicht ruhen. Sie verbrachte ihr ganzes Leben damit, der Sache weiter auf den Grund zu gehen. Sie fand in Lloyd Old am Sloan-Kettering-Forschungsinstitut den richtigen Mann, der ihr weiterhalf und schließlich die Freisetzung des TNF als Ursache für die Zerstörung der Krebszellen entdeckte.

Max Wolf kannte diesen Dr. Cooley recht gut und verwendete auch über viele Jahre dessen Cooley-Vakzine. Ihm war jedoch nie bekannt, daß diese Vakzine nach dem gleichen Prinzip wirksam ist wie seine Enzyme. Beides, die Enzyme als auch die Vakzine, veranlassen die Makrophagen, den TNF und auch andere Abwehrstoffe freizusetzen, die in der Lage sind, Krebszellen selektiv zu zerstören.

Viele der heute wichtigen biologischen Krebsbehandlungsmethoden beruhen auf dem gleichen Prinzip. Dies gilt z.B. für die Bakterienpräparate wie BCG C-parvum, Picibanil, Lenitan, Endotoxin, aber auch für andere Substanzen, die u.a. dadurch wirksam sind, daß sie die Makrophagen aktivieren und zur Absonderung von TNF und anderen Abwehrstoffen veranlassen.

Ältere Menschen erzählen stolz ihrem Arzt, daß sie schon längere Zeit, vielleicht schon fünf Jahre, keine ernste Erkältung mehr mit Fieber und Krankheitsgefühl gehabt hätten. Sie meinen, dies sei ein Zeichen besonderer Gesundheit. Doch im Gegenteil. Es kann ein Hinweis dafür sein, daß die körpereigene Abwehr zu schwach ist, um bei Infektionen genügend Fieber und Krankheitsgefühl zu verursachen und entsprechend TNF und Enzyme zu mobilisieren, damit die Bakterien, die Viren und letztendlich auch die Krebszellen konsequent und endgültig eliminiert werden.

Im Krebsforschungsinstitut in Heidelberg wurde dieser Zusammenhang gründlich untersucht. Dr. Abel wies nach, daß Krebs bei älteren Menschen besonders dann viel häufiger auftritt, wenn sie schon längere Zeit kein richtiges Fieber und Krankheitsgefühl mehr als Folge einer Erkältungskrankheit erlebt haben. Sehr alte Patienten hingegen, die nach wie vor jedes Jahr ihre Erkältungskrankheit erleben und mit Fieber und Krankheitsgefühl im Bett auskurieren, erkranken nur äußerst selten an Krebs.

Es gibt mehrere naturheilkundliche Behandlungsmethoden, die nachweislich die körpereigene Abwehrleistung steigern und damit auch die Fähigkeit wiederherstellen, mit einem richtigen Fieber und Krankheitsgefühl auf Erkältungen zu reagieren. Dazu zählen beispielsweise Mistel- und Echinaceaextrakte, Vitamin A und vor allem Enzymgemische.

Sie helfen den Freßzellen, bei solchen Infektionen wieder ausreichend TNF und andere Abwehrstoffe zu produzieren; Viren, Bakterien und etwa vorhandene Krebszellen werden damit zuverlässiger bekämpft und eliminiert. Es ist dies eine der zuverlässigsten und vernünftigsten Methoden der Krebsverhinderung. Jeder ältere Mensch sollte sich ein- bis zweimal im Jahr mit solchen Medikamenten behandeln lassen, um sein Krebsrisiko zu vermindern.

Auch dann, wenn die Krebskrankheit bereits entstanden ist und die typischen Symptome wie Schlappheit, Appetitmangel und Gewichtsverlust den Patienten quälen, kann häufig mit Enzymen geholfen werden. Sie führen bei den allermeisten Patienten nach wenigen Tagen der Anwendung zu besserem Wohlbefinden, Appetitzunahme und verstärkter körpereigener Abwehrleistung.

Seit kurzem weiß man, wie die Enzyme die Verminderung dieser Symptome zustandebringen und das Wohlbefinden des Patienten und den gesteigerten Appetit verursachen.

Der vorhin genannte TNF, der Stoff, den die Makrophagen bilden und freisetzen, wenn Gefahr im Verzug ist, ist offensichtlich nur ganz zu Beginn der Krankheit, wenn nur wenige Krebszellen im Körper vorhanden sind, wirksam. Bei gesunden Menschen verursacht die Aktivierung bisher ruhender Makrophagen die Freisetzung des sehr hoch wirksamen TNF, der die Krebszellen zerstört und den Körper gesund hält.

Ist die körpereigene Abwehr bereits vermindert, weil bereits sehr viele Krebszellen im Körper vorhanden sind, bleiben die Makrophagen ständig überaktiviert und spielen verrückt. Sie produzieren große Mengen eines TNF, der zwar das Krankheitsgefühl, das Schlappsein, den Appetit- und den Gewichtsverlust bis hin zur Depression verursacht, der aber kaum mehr eine krebszellenzerstörende Wirkung hat. Die Einzelmoleküle des TNF verbinden sich zu großen Monstermolekülen, so wie bei der Kunststoffentstehung durch Aneinanderreihung von sehr vielen Molekülen zu einem Molekül eine Kunststoffaser entsteht.

Diese Riesen-TNF-Moleküle sind chemisch ineinander vernetzt, werden an andere Moleküle, sogenannte Rezeptoren gebunden und verlieren in dieser Form ihre krebszellenzerstörenden Eigenschaften. Lediglich das Krankheitsgefühl und die Appetitlosigkeit können sie auch weiter verursachen. Werden nun große Mengen von Enzymen durch die Enzymkombinationspräparate zugeführt, werden diese großen TNF-Gebilde, diese polymeren TNF-Großmoleküle, von den Enzymen zerkleinert. Es entstehen wieder krebszellzerstörende kleine TNF-Einzelmoleküle.

Diese Entdeckung wurde kürzlich von der Immunforscherin Dr. Lucia Desser am Institut für Angewandte und Experimentelle Onkologie gemacht. Sie fand, daß das Serum von schwerkranken Krebspatienten keinerlei tumorzidale Wirkung, d.h. keine krebszellauflösende und zerstörende Wirkung hat, obwohl genügend TNF im Serum vorhanden ist.

Erst wenn sie dieses Serum mit Enzymen behandelte, kam

es zu einer bis zu zwanzigfachen Steigerung der krebszellzerstörenden Wirkung. Dies ist ein Beweis dafür, daß die Enzyme aus den vorher unwirksamen Großmolekülen des TNF kleine Moleküle machen, die wieder in der Lage sind, Krebszellen selektiv zu zerstören. Diese Entdeckung hat weitreichende Bedeutung und könnte zu der Entwicklung besonderer neuer Behandlungsstrategien bei Krebs führen.

Diese durch die Enzyme verursachte Steigerung der krebszellzerstörenden Wirkung wird begleitet von einer gleichzeitig einsetzenden verstärkten Lymphozytenattacke gegen die Krebszellen. Nicht nur der TNF greift jetzt Tumorzellen verstärkt wieder an, auch die sogenannten zytotoxischen infiltrierenden Lymphzellen entwickeln wieder größeren Appetit auf Krebszellen. Sie zerstören sie, dringen in die Struktur des Tumors ein und helfen dem Körper, mit dem Krebs fertig zu werden.

Man hat auch andere Behandlungsstrategien entwickelt, die ähnliche Wirkungen nutzen. Dr. Rosenberg und Dr. Oldham in den USA beschäftigen sich seit mehreren Jahren mit einer Methode, die die gleiche Zielsetzung hat. Sie entnehmen aus dem Blut und auch aus dem operativ entnommenen Tumorgewebe Abwehrzellen, sogenannte Lymphzellen, und züchten sie in besonderen Vorrichtungen so lange, bis sie davon mehrere hundert Gramm, d.h. Tausende von Milliarden solcher Zellen haben.

Diese Zellen werden mit einem anderen Abwehrstoff, dem TNF ähnlichen IL-2 behandelt und dadurch noch aggressiver gemacht. In diesem Zustand werden sie wieder dem gleichen Patienten in die Vene gegeben. Diese Lymphozyten finden sehr schnell die Krebszellen im Körper und zerstören sie. Eine einzige solche Lymphzelle kann bis zu tausend Krebszellen vernichten. Bei einigen Krebsarten, vor allem beim sogenannten schwarzen Hautkrebs, dem Melanom, und auch bei Nierenkrebs, hat sich diese Behandlungsmethode bereits bewährt und ist von den amerikanischen Gesundheitsbehörden zugelassen worden.

Auch bei dieser Behandlung kommt es zu einer verstärkten TNF-Freisetzung, wobei dieser TNF ebenfalls eine sehr hohe krebszellzerstörende Wirkung hat. Beide Abwehrstrategien, die TNF-induzierte Tumorzellzerstörung und die lymphzellinduzierte Tumorzellzerstörung, wirken hier optimal zusammen. Gegenwärtig wird intensiv erforscht, inwieweit eine Kombination der Enzymbehandlung und der Lymphzellbehandlung sich therapieverbessernd auswirkt.

Es gibt noch ein weiteres körpereigenes Abwehrsystem: Die sogenannten natürlichen Killerzellen sind ebenfalls in der Lage, Krebszellen anzugreifen und zu zerstören. Diese natürlichen Killerzellen sind beim Krebspatienten in ihrer Aggressivität und ihrer krebszellzerstörenden Wirkung erheblich vermindert. Sie sind gewissermaßen gelähmt. Auch hier hat sich die Enzymtherapie hervorragend bewährt, wie Herr Dozent Dr. Leskovar von der Technischen Universität München, der Abteilung für immunologische Untersuchungen der Urologischen Abteilung, nachweisen konnte. Er trug seine Forschungsergebnisse Ende August 1992 auf dem internationalen Immunologiekongreß in Budapest vor.

Die Enzyme steigern die Wirkung der natürlichen Killerzellen bis zum zwölffachen der Ausgangswerte. Mit Sicherheit trägt auch diese Wirkung zu dem guten Behandlungsergebnis der Enzymbehandlung bei verschiedenen Krebsarten bei. Gegenwärtig wird an vielen Forschungsinstituten über diesen Zusammenhang geforscht.

Die Enzyme haben sich auch bei der Bekämpfung der Krebskrankheit in anderer Weise bewährt. Es konnte in klinischen Untersuchungen von Oberarzt Dr. Schedler an der HNO-Abteilung der Universitätsklinik Homburg/Saar zuverlässig nachgewiesen werden, daß die Behandlung mit Enzymkombinationspräparaten die Nebenwirkungen bestimmter Chemotherapeutika erheblich vermindert.

Bei bestimmten Krebsarten, vor allem bei solchen im Hals-Nasen-Ohren-Bereich, verwendet man gern ein bestimmtes Chemotherapiemittel, weil es bei diesen Krebsarten besonders wirksam ist. Seine Anwendung verursacht jedoch häufig lungenschädigende Komplikationen, die mitunter zum Tode führen können. Gleichzeitig kommt es häufig zu einer starken Verminderung der Blutplättchen, wodurch ernsthafte Komplikationen einer unkontrollierbaren Blutung auftreten können.

Verabreicht man jedoch gleichzeitig mit dieser chemischen Krebsbehandlungssubstanz auch die Enzymkombinationen, tritt diese Lungenkomplikation nicht auf, und auch die Blutplättchen fallen nicht so stark ab. Die Nebenwirkungen sind insgesamt viel milder und werden vom Patienten besser vertragen. Die Verminderung dieser Chemotherapienebenwirkungen bezieht sich nicht nur auf diese Substanz, die häufig bei HNO-Krebsleiden Verwendung findet, sondern tritt auch bei vielen anderen chemotherapeutischen Wirkstoffen ein, die in der Krebsbehandlung angewandt werden und häufig Nebenwirkungen verursachen.

Das gleiche gilt auch für die Nebenwirkungen der Strahlentherapie. Man kann bestimmte Krebsarten mit ionisierenden Strahlen recht erfolgreich behandeln. Die Tumorzellen werden durch die Strahlen bevorzugt zerstört. Diese Strahlentherapie führt jedoch auch zu sehr ernsthaften Nebenwirkungen, insbesondere zu einem Strahlenkater, einem ,,Sichunwohl-Fühlen" des Patienten, auch zu einer relativ langanhaltenden Verminderung der körpereigenen Abwehrleistung gegen Krebs, eine Nebenwirkung, die man nach Möglichkeit gern vermeidet.

Es hat sich gezeigt, vor allem in einer großangelegten Studie von Professor Dr. Beaufort an der Universität Graz, daß man durch gleichzeitige Anwendung von Enzymkombinationen die Strahlennebenwirkungen ganz erheblich senken kann und der Strahlenkater somit weitgehend vermieden wird, ohne daß dadurch die krebszerstörende Wirkung der Strahlentherapie verringert wird. Die Patienten, die neben der Strahlentherapie auch Enzymgemische erhalten, vertragen die Strahlentherapie wesentlich besser.

Besonders effektiv: Kombinationstherapien

In letzter Zeit hat sich herausgestellt, daß die gleichzeitige, kombinierte Verwendung von Chemotherapie, Strahlenbehandlung und zusätzlich auch Überwärmung wirkungsvoller ist als eine Behandlung, bei der man zuerst chemotherapiert und erst später die Strahlenbehandlung folgen läßt. Natürlich treten bei dieser kombinierten Strahlen- und Chemotherapie mitunter intensive Nebenwirkungen auf, die mit Enzymen verringert werden können. Dies ließ sich in mehreren klinischen Untersuchungen nachweisen. Die gleichzeitige Einnahme von Enzymkombinationen zur Strahlen- und Chemotherapie hat sich hervorragend bewährt.

Bei bestimmten Krebsarten, zum Beispiel beim schwarzen Hautkrebs, dem Melanom, aber auch bei anderen Krebsarten konnte man nachweisen, daß die Enzymtherapie dem Risiko der Tochtergeschwulstbildung entgegenwirkt. Damit

Tochtergeschwülste entstehen können, müssen Krebszellen von dem primären Krebsgeschwulst über die Blut- oder Lymphbahn abgesondert und in die Zirkulation gebracht werden.

Diese Krebszellen können dann woanders im Körper, meist an einer Gefäßinnenwand, haften bleiben. Für diese Anhaftung benutzen die Krebszellen ganz bestimmte Haftmittel, sogenannte Adhäsionsmoleküle, mit denen sie sich fest an die Gefäßwand klammern. Erst nach dieser Anhaftung ist es den Krebszellen möglich, zu wachsen, sich zu teilen und allmählich eine Tochtergeschwulst zu bilden.

Für das Melanom, d.h. für die Zellen des schwarzen Hautkrebses, ist das Adhäsionsmolekül Vitronektin von ausschlaggebender Bedeutung dafür, daß es zu einer Ansiedlung und in der Folge zur Tochtergeschwulstbildung kommt. Dr. Lucia Desser am Institut für Angewandte und Experimentelle Onkologie der Universität Wien gelang der Nachweis, daß die Enzyme dieses Anhaften dadurch blockieren, daß sie die Ausbildung dieses Anhaftmoleküls, Vitronektin, unterbinden. So gelingt es mit Enzymen, die Tochtergeschwulstbildung zu hemmen oder völlig zu verhindern.

In der Zwischenzeit werden diese Zusammenhänge auch bei anderen Krebsarten und Haftmolekülen untersucht. Es gelang Dr. Kunze in Berlin nachzuweisen, daß die Enzyme auch eine ganze Reihe weiterer Anhaftmoleküle hemmen, welche für die Entstehung von Tochtergeschwülsten anderer Krebsarten Voraussetzung sind. Es tut sich hier ein großes Gebiet für die Forschung auf, mit Enzymen dem Krebsgeschehen entgegenzuwirken.

Es soll auch nicht versäumt werden, über die Möglichkeiten der Enzymbehandlung bei sogenannten flüssigen Tumoren in den großen Körperhöhlen zu sprechen. Bei manchen

Krebsarten, wie beispielsweise beim Lungenkrebs oder auch Brustkrebs, kommt es gelegentlich zur Entstehung einer sogenannten Lungenhöhlenexsudation, d.h. zu einer mit Milliarden von Krebszellen durchseuchten Flüssigkeit in der Pleurahöhle.

Tritt diese auf, ist es notwendig, die Flüssigkeit immer wieder zu punktieren, um die Funktion der Lunge zu erhalten. Es hat sich herausgestellt, daß die Einbringung eines Enzymgemisches in diese Körperhöhle regelmäßig zum Austrocknen dieses flüssigen Tumors bis hin zu seinem völligen Verschwinden führt.

Diese Methode der Enzyminstillation in die Pleura hat sich in vielen Krebskliniken als Standardbehandlungsmethode etabliert. Ähnliches gilt auch für die krebszellhaltige Bauchwassersucht, die gelegentlich bei Patienten mit Eierstockkrebs und Krebsarten in benachbartem Gewebe entsteht. Auch hier führt die Enzymbehandlung häufig zu einer – manchmal vollständigen – Rückbildung der Bauchwassersucht.

Die Enzyme haben sich auch für die Behandlung anderer spezifischer Situationen bei der Krebsbehandlung bewährt. Sie sind heute ein wichtiges Mittel in der Bekämpfung des Krebses und werden deshalb auch bei einer sehr großen Zahl der Krebspatienten zur Anwendung gebracht. Sicherlich die wichtigste Zielsetzung ist die Verbesserung des Wohlbefindens, des Appetits und die Verminderung der Depression durch die Enzymtherapie – ein Effekt, der bei den meisten so behandelten Krebspatienten erreicht wird.

Bei vielen dieser Patienten kommt es vorübergehend zu einem Stillstand des Tumorwachstums, vielleicht sogar zu einer Rückbildung von Tumoren und zu einer Hemmung der Entwicklung von Tochtergeschwülsten. Die Enzyme führen zu einer Steigerung der körpereigenen Abwehr. Vor allem die Wirkung des für die Zerstörung der Tumorzellen notwendigen Tumornekrosefaktors wird durch die Enzyme erheblich intensiviert, ohne daß gleichzeitig unerwünschte Nebenwirkungen für die Patienten entstehen.

Die körpereigene Abwehr wird stimuliert und verbessert und nicht wie bei vielen anderen Methoden der Krebsbehandlung unterdrückt oder lahmgelegt. An vielen Krankenhäusern und Hochschulinstituten in Deutschland, aber auch in anderen Ländern (vor allem in den Vereinigten Staaten von Amerika), sind derzeit intensive Anstrengungen der klinischen Forschung im Gange mit der Zielsetzung, die Therapiemöglichkeiten bei Krebs mit den Methoden der Enzymbehandlung zu verbessern.

Eine weitere sehr vernünftige biologische Entwicklung der Krebsbehandlung ist die Verabreichung von hochdosiertem emulgierten Vitamin A. Diese Entwicklung wurde von Dr. Scheef, dem Leiter der Janker-Klinik in Bonn, vor ca. 25 Jahren entdeckt. Er hat herausgefunden, daß es mit höchsten Dosen Vitamin A möglich ist, das Wachstum von bestimmten Krebsarten zu vermindern oder zu stoppen.

Bei einem Teil der Patienten kommt es sogar zu einer deutlichen Rückbildung von Tumoren. Bei diesen Patienten tritt eine erhebliche Lebensverlängerung bei bester Lebensqualität und mitunter sogar eine Heilung ein.

Die Dosen der notwendigen Vitamin-A-Verabreichung müssen jedoch extrem hoch sein und sollten nur von einem damit erfahrenen Arzt zur Anwendung gebracht werden. Vitamin A in so hohen Dosen kann ernsthafte Nebenwirkungen verursachen. Es kann zu einer Schälreaktion der Haut, Rissen in den Lippen, Kopfschmerzen, Haarausfall und im Extremfall sogar zu lebensbedrohenden Komplikationen kommen.

Dies tritt allerdings nur bei einer hundert- bis zu mehrtausend-fachen Dosis der üblichen Vitamin-A-Mengen auf.

Dr. Scheef verabreicht bei vielen seiner Patienten bis zu 1,5 Millionen Einheiten Vitamin A pro Tag bis zu einer Gesamtdosis von 90 Millionen Einheiten. Bei dieser Form der Behandlung tritt bei vielen Patienten eine Verminderung des Krebswachstums oder ein Wachstumsstop ein, hin und wieder sogar eine Rückbildung des Tumors.

Vor einigen Jahren wurde am italienischen nationalen Krebsforschungsinstitut in Mailand von Dr. Ugo Pastorino eine Untersuchung durchgeführt. 200 frischoperierte Lungen-krebspatienten, hauptsächlich solche, deren Krebs durch star-kes Rauchen verursacht war, wurden mit täglich 300.000 Einheiten emulgiertem Vitamin A behandelt. Diese tägliche Dosis wurde über zwei Jahre verabreicht. Die Patienten wur-den laufend kontrolliert und vielfältigen Untersuchungen un-terzogen. 200 weitere Patienten mit der gleichen Erkrankung wurden ohne Vitamin A behandelt. Nach zwei Jahren stellte sich heraus, daß das Wiederauftreten von Krebs bei den mit Vitamin A behandelten Patienten um etwa die Hälfte weniger häufig war als bei den Patienten ohne Vitamin-A-Behandlung. Es traten erstaunlich wenig Nebenwirkungen auf, offenbar weil das Vitamin A (Retinolpalmitat) in den verabreichten Emulsionen weit weniger toxisch war als die herkömmlichen Vitamin-A-Säuren.

Dieses Ergebnis hat weltweit großes Interesse bei den Krebsspezialisten gefunden und dazu geführt, daß jetzt von der europäischen Dachgesellschaft für Krebsforschung und Krebsbekämpfung (EORTC) in einer sehr groß angelegten klinischen Untersuchung mit ebenfalls 300.000 Einheiten Vit-amin A an vielen Krebsbehandlungszentren in ganz Europa Patienten mit frischoperiertem Lungenkrebs oder auch mit frischoperierten Krebsgeschwülsten auf dem Gebiet der HNO-Heilkunde behandelt werden. Es wird damit gerechnet, daß, ähnlich wie bei der Untersuchung am italienischen Nationalen Krebsforschungszentrum, das Wiederauftreten von Krebs durch die Vitamin-A-Behandlung verringert wird. Man erwartet, daß damit die Anzahl der Patienten, die nach erfolgreicher Operation des Primärtumors aufgrund des Wiederauftretens von Krebs erkranken und auch sterben, deutlich vermindert werden kann.

Eine Dosierung von 300.000 Einheiten Vitamin A verursacht kaum ernsthafte Nebenwirkungen und wird von fast allen Krebspatienten über längere Zeit ohne Probleme vertragen. Es ist jedoch dringend erforderlich, daß die Behandlung von erfahrenen Ärzten überwacht wird. In vielen Krebskliniken wird die Behandlung mit den Enzympräparaten und mit hochkonzentriertem Vitamin A in großem Umfang zur Anwendung gebracht.

Vielleicht, vielleicht hat Wolf mit seinem Enzympräparat ja doch den Schlüssel für ein längeres Leben gefunden. Der alte Traum der Verjüngungsärzte wäre dann gar nicht so absurd gewesen. Zu keinem Zeitpunkt jedenfalls glaubte Wolf, die natürliche, die prädeterminierte Lebensspanne durch eine Tinktur, durch irgendeine Formel verlängern zu können. Ihm ging es immer darum, klarzumachen, daß die Menschen nur in die Lage versetzt werden müßten, eben diese natürliche Lebenspanne auch wirklich zu erreichen. „Deswegen", so schrieb er in seinen Erinnerungen, „kann sich jede Forschung über Verjüngung oder Lebensverlängerung notwendigerweise nur mit dem Problem befassen, alle Einflüsse zu verhindern oder aus dem Weg zu räumen, die schädlich sind oder das Leben lebenswichtiger Zellen verkürzen . . . Der Rejuvenator oder Lebensverlängerer der Zukunft wird ein klares, einfaches Buch schreiben, in welchem all die Einflüsse genau beschrieben sind, die von Geburt an die Lebensdauer kürzen. Und wenn dieses Wissen Allgemeingut geworden ist, so werden die meisten Menschen, denen ernstlich daran gelegen sein wird, die Lebensspanne von hundert Jahren leicht erreichen."

Wenn, ja wenn dieses klare, einfache Buch der Lebensverlängerung eines Tages geschrieben sein wird, so werden den Enzymgemischen eines österreichischen Arztes vielleicht ein paar Seiten gewidmet sein – vielleicht auch ein Kapitel, vielleicht auch mehr . . .

Max Wolf als Künstler

Karl Ransberger, porträtiert von Max Wolf

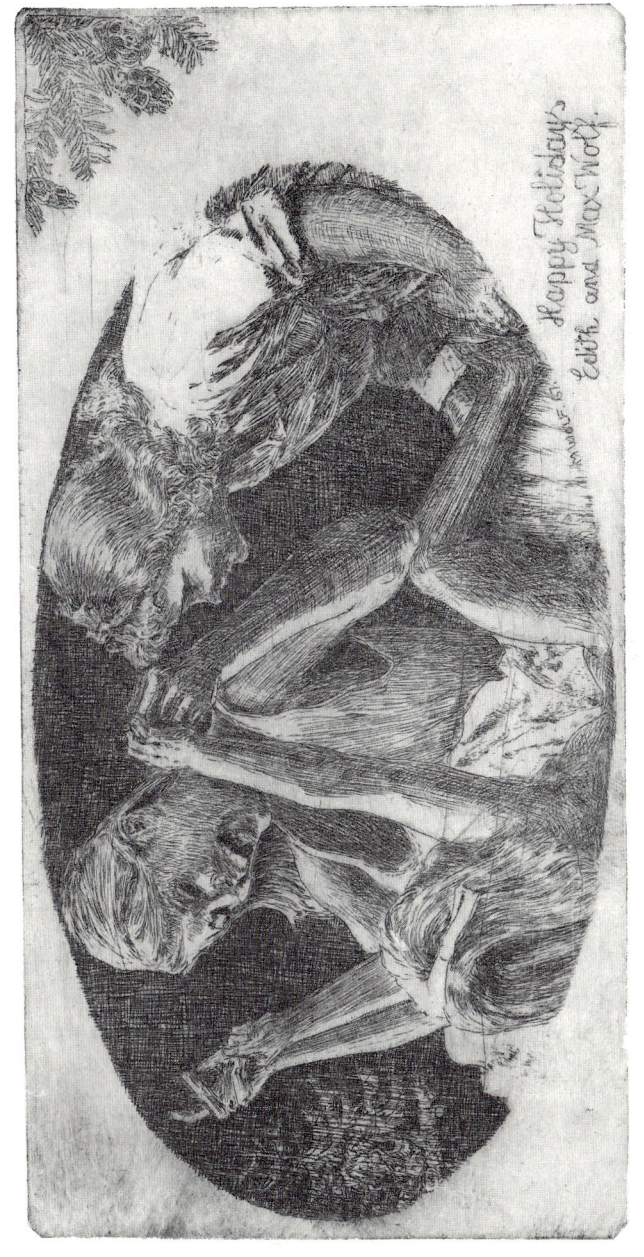

Verschiedene Radierungen Max Wolfs zum Thema „Kinder", seinem künstlerischen Lieblingsthema
S. 149-151

Season's Greetings

Dr. y Mrs. Max Wolf

150

We   Congratulate!
Dr. and Mrs. Max Wolf

151

„Alter Mann" – eine Radierung

Prof. Paul Niehans in einer Radierung

Lebensdaten

22.10.1885   Als fünftes Kind der Eheleute David und Kunigunde Wolf (geborene Sommer) wird Max Wolf in Wien geboren.

bis 1895   Bis zum Abschluß der Grundschule lebt Max Wolf bei seiner Familie in Wien.

bis 1900   Bei Ende seiner Grundschulzeit siedeln die Eltern nach Palitz (Böhmen) um. Max Wolf besucht in der Folgezeit als Externer die Realschule in Eger.

1900-1903   Nach der Rückkehr der Familie Wolf nach Wien besucht Max Wolf dort das Wasa-Gymnasium, an dem er 1902/03 die Matura-Prüfung ablegt.

1903-1908   Studium der Ingenieurswissenschaften in Wien und Ausbildung zum „Civil-Ingenieur" für Brückenbauwesen. Neben seiner Ausbildung zum Dr. ing. studiert Max Wolf verschiedene medizinische Fächer.

1908-1914   Betreiben eines schnell wachsenden Konstruktionsbüros für Brückenbau in Wien. Regelmäßige, jährliche Besuche bei seiner zwischen 1905-

1912 in die USA (New York) ausgewanderten Familie.

1914   Während seines USA-Aufenthalts bricht der I. Weltkrieg aus. Max Wolf wird zwangsexterniert.

1914-1919   Studium der Medizin an der Fordham Universität in New York, an der er zum Dr. med. promoviert. Wegen seiner akademischen Vorbildung sowie auf Grund der kriegsbedingten Gegebenheiten darf Max Wolf bereits als fortgeschrittener Student an dieser medizinischen Hochschule physiologische sowie biochemische Tutorien halten und am Vorlesungsbetrieb teilnehmen. Selbst arbeitet er bei dem 1912 mit dem Nobelpreis für Medizin ausgezeichneten Chirurgen Alexis Carrell (1873-1944) an Fragen der Gefäßphysiologie.
Eine dotierte Fellowship der Rockefeller Foundation lehnt Max Wolf ab. Ihn interessiert stärker die medizinische Praxis.
An der Berwind Maternity Clinic in Manhattan (New York) arbeitet Wolf als Gynäkologe und übernimmt infolge des kriegsbedingten Ärztemangels sehr schnell die Leitung dieser Gebärklinik.

in den
20er Jahren   Neben der Tätigkeit als Arzt und Leiter der Klinik, dem Abhalten von Vorlesungen an der Fordham Universität, dem wissenschaftlichen Arbeiten an pharmakologisch-toxikologischen sowie

endokrinologischen Fragen, schreibt Max Wolf zusammen mit seinem Bruder Willy das erste praxisorientierte Lehrbuch über die Hormonphysiologie, das im Scribner Verlag verschiedene Wiederauflagen und -bearbeitungen erfuhr. Publizistisch tritt Max Wolf mit Literaturübersichten zu medizinischen Fragen in die Öffentlichkeit.

Auf Grund des Aufbaus einer eigenen Praxis in der New Yorker Westside nehmen die wissenschaftlichen sowie literarischen Arbeiten kontinuierlich ab.

1924   Gründung einer zweiten Niederlassung in der New Yorker Eastside sowie Heirat.

1925-1941   Als Arzt an der Metropolitan Opera von New York kommt Max Wolf mit führenden Künstlern und Politikern in Kontakt. Hierauf begründet sich sein Ruf als „Modearzt".

seit 1926   Seiner ärztlichen Reputation trägt Max Wolf dadurch Rechnung, daß er regelmäßig jährliche Reisen in seine Geburtsstadt macht und sich in Europa medizinisch fortbildet.
                Anläßlich dieser 2-3 Monate währenden Reisen beschäftigt er sich zuerst bei Prof. Bauer und Prof. Holzknecht (Wien) mit röntgentherapeutischen Fragen und wird auf Betreiben der genannten Hochschullehrer an der Wiener Universität zum Honorarprofessor ernannt. Bei Prof. Noebel (Wien) beschäftigt sich Max Wolf in

dieser Zeit u.a. mit der Varizen-Verödung. Zusammen mit E. Abderhalden (1877-1950) arbeitet Wolf an Fragen der Unterfunktion von Organsystemen. Mit dem Wiener Pädiater C.P. von Pirguet (1874-1929) schließt er Freundschaft.

1932-1934   Durch die Zusammenarbeit mit Prof. Ernst Freund (1863-1946) und dessen Assistentin Dr. Gisa Kaminer (1883-1941), die sich mit physiologisch-chemischen Tests sowie therapeutischen Fragen in der Onkologie beschäftigten, wird nachhaltig das Interesse Max Wolfs an geriatrischen sowie krebstherapeutischen Problemen geweckt und in pragmatische Bahnen gelenkt.
Max Wolf lernt am Rudolfina-Spital (Wien) die von Freund und Kaminer entwickelten diätistischen Krebstherapien kennen. Er beginnt in dieser Zeit die in New York in seinem Praxislabor fortgesetzten Untersuchungen über die substantiellen Eigenschaften des wirksamen Agens der Freund-Kaminer-Reaktion.

seit 1938   Nach der Charakterisierung der „Normalsubstanz" der Freund-Kaminer-Reaktion als „Enzym" mit protco- und lipolytischen Eigenschaften und den fehlgeschlagenen Versuchen, diese bei krebskranken Serumspendern fehlende Substanz aus dem Blut krebsgesunder Personen zu isolieren, begann Max Wolf, die Wirkung dieses Agens mit käuflichen Enzymen zu imitieren.

Hierzu führte er tierexperimentelle Untersuchungen an verschiedenen Haustieren mit Spontantumoren durch.

seit 1944   Nach dem Tod von Alexis Carrel (1873-1944) übernahm Max Wolf – neben seiner Tätigkeit als niedergelassener Arzt – die Leitung des Biological Research Instituts an der Columbia-Universität.
Zusammen mit Helene Benitez begann er umfangreiche systematische Experimentalstudien zur onkolytischen Wirkung von pflanzlichen und tierischen Hydrolasen sowie daraus hergestellten Kombinationen an in-vitro-kultivierten Tumorzellen sowie transplantierten Tiertumoren. Aus diesen Arbeiten gingen die nach dem Anfangsbuchstaben von Wolf und Benitez benannten WoBe-Enzymkombinationsrezepturen hervor, die außer Hydrolasen auch noch andere nicht-enzymatische Wirkstoffe enthielten (z.B. Thymusextrakte, Rutin oder Vitamine).

in den   Max Wolf setzt die als Hausmittel gefertigten
50er Jahren   Enzymkombinationspräparate, die zumeist rektal oder per vias naturales als Lösungen appliziert werden, bei Patienten mit malignen Systemerkrankungen sowie altersbedingten Gefäßkrankheiten und chronischen inflammatorischen Prozessen ein.
Eine zeitweise Zusammenarbeit mit A. Gaschler, der bereits vor dem II. Weltkrieg ein Enzymextraktpräparat entwickelt hatte, und es nach dem

158

Krieg intensiver bei Patienten anzuwenden begann, scheiterte an unterschiedlichen fachlichen Auffassungen sowie Zielvorstellungen.

1959   Bekanntschaft mit Karl Ransberger, der sich als Geschäftsführer der Mucos-Emulsionsgesellschaft in München mit Vitamin-Präparaten bei systemischen Krankheiten beschäftigte und über geeignete Herstellungstechniken von biologischen Extrakttherapeutika verfügte.

in den 60er Jahren   Beginn der Zusammenarbeit mit der Mucos-Emulsionsgesellschaft.
Gründung der Medizinischen Enzym-Forschungsgesellschaft e.V. in Grünwald bei München, deren Ziel die Bearbeitung enzymologischer Fragen in der Therapie ist.
Aufnahme der klinischen Untersuchungen mit verschiedenen WoBe-Präparaten in den USA (z.B. Rosanova, Chicago), Mittelamerika (Fairfield Hospital, Jamaica), Deutschland (Barth und Graebner, Höfer-Janker).

1963   Registrierung des WoBe-Enzymgemisches als per vias naturales sowie per injectionem applizierbares, systemisch sowie lokal wirkendes, bei Krebserkrankungen und zur Metastasenprophylaxe einsetzbares Medikament in Deutschland.

1964   Max Wolf wird Präsident der American Medical Society in Wien, wo er sich seit längerem regelmäßig von Juli bis Oktober aufhielt und Kontakte mit der dort ansässigen Werft-Chemie unterhält, bei der verschiedene Messungen labordiagnostischer Parameter in klinischen Untersuchungen erfolgen.

1966   Max Wolf erhält für sein Lebenswerk den Ehrendoktortitel der Califonia Universität und wird zum Fellow der Royal Academy berufen.

seit 1969   Das Ehepaar Wolf beginnt, sich von New York nach Florida zurückzuziehen, wo man – aus Europa kommend – den Winter verbringt. Hierbei kommt es umzugsbedingt zu Verlusten zahlreicher Forschungsunterlagen über die Enzymtherapie, die sich im Besitz von Max Wolf befanden.

1973   Tod seiner Frau nach 49 Ehejahren. Max Wolf verliert seine wichtigste Bezugsperson.

1974   Max Wolf heiratet Margot Albert aus Sulzbach bei Kaiserslautern, die jahrelang den Haushalt der Familie Wolf geführt hatte.

1974-1976   Abfassung seiner autobiographischen Aufzeichnungen, die die Grundlage dieser Zusammenstellung bilden.

1976   Max Wolf stirbt 91jährig in der Janker-Klinik (Bonn) an Nierenversagen, nachdem es ihm und den behandelnden Ärzten gelungen war, sein Magenkrebsleiden mit Hilfe der von ihm entwickelten Enzymtherapie zu remittieren.